W0194122

Glamouröse Wienerinnen

FRAUEN MIT DEM GEWISSEN ETWAS

WERNER ROSENBERGER

Glamouröse Wienerinnen

FRAUEN MIT DEM GEWISSEN ETWAS

METROVERLAG

*Danke, Sanne, für die Idee zu diesem Buch
und Deine große Unterstützung.*

INHALT

Frauen in aufgeregter Zeit
9

Die Königin der Fußspitzenakrobatik
13

Hans Makarts Muse
23

Bewundert, angebetet, vergöttert
29

Leuchtender Stern am Modehimmel
37

Weltsensation mit Wiener Finale
43

Das Königsliebchen
51

Die Duse der Tanzkunst
59

Die mit den Füßen singt
67

Schön und stumm
75

Die Ballerina und der Exzentriker
83

Kapriziös und verwundbar
95

Ein Frauenzimmer der Superlative
103

Die getanzte Sünde
111

Leben auf der Überholspur
121

Eine Ikone der Weimarer Republik
131

Grande Dame des Chansons
139

Wien bei Nacht
147

Ralph Benatzkys Venus im Pelz
161

Franz Molnárs Musen
171

Der Augenmensch und seine blonde Spionin
179

Abonniert auf Damenrollen
185

Eine legendäre Operndiva
193

Eine Primadonna – launisch und extravagant
201

Kind, Heilige und Hexe
207

„La Parisienne" aus Wien
215

Adel, Dekadenz und Millionen
223

Kurioses zum Ausklang:
Wer ist die schönste Frau von Wien?
233

Frauen
in aufgeregter Zeit

·················

Sie alle waren einmal wer, in näherer oder fernerer Vergangenheit: Selbstdarstellerinnen, Exzentrikerinnen, Stars, manche scheinbar jugendfrisch und unverwelklich, andere bloß wie Eintagsfliegen im Scheinwerferlicht: Frauen, die mit Glanz und Glamour, dieser Mischung aus Geheimnis und Strahlkraft, eine Leuchtspur zogen – einst berühmt, aber alsbald von der Welt vergessen.

Und alle, die in diesem Buch versammelt sind, waren „Wienerinnen" im weitesten Sinn des Wortes: hier geboren oder aufgewachsen wie die international erfolgreiche Diseuse Greta Keller, von der sich Marlene Dietrich die rauchig-flüsternde Laszivität abgeschaut hat; oder Gerda Maurus, von Fritz Lang für den Film entdeckt; die Ballerina Tilly Losch, die von Wien aus die Welt erobert, und die schüchterne Elisabeth Bergner, die eine der größten Darstellerinnen der europäischen Film- und Theaterszene wird.

Als reizend verliebte Rosalinde legt sie in Shakespeares Komödie „Wie es Euch gefällt" Männerkleider an, um einen Geliebten zu erobern, was ihr schließlich auch gelingt. Frauen in Hosenrollen entfalten einen androgynen Reiz. Und dieses Changieren zwischen den Geschlechterrollen liegt der kleinen, schlanken, knabenhaften Bergner. Die 20er Jahre sind das ideale Zeitalter für diesen Frauentypus der Garçonne, wie man ihn damals nach dem Titel eines französischen Romans nennt.

Da waren das Korsett, das züchtig hochgeschlossene, bodenlange Kleid, die geschnürte Wespentaille der Belle Époque bereits aus der Garderobe verbannt. Frauen zogen sich Hemden, Krawatten, sogar Hosen an – und trugen die Haare kurz geschnitten zum Bubikopf. Mit Monokel im Auge und der Zigarette in der Hand formten sie das neue Bild der selbstbewussten Frau. Durch die kniekurzen, gerade geschnittenen Hängekleider verschwand zwar die Taille, aber vielleicht war genau das der Grund, warum wieder ein Gefühl der Körperlichkeit zurückkam. Es war ein Aufatmen, ein Luftholen, viele sprachen auch vom Kult der „Natürlichkeit". Mit der neuen Freizügigkeit kamen auch neue Gesellschaftstänze wie Shimmy oder Foxtrott aufs Parkett. Und der Charleston ließ die Beine fliegen, Hüften und Schenkel erzittern, Arme und Hände zucken.

Wie sich Annie Dirkens schon 1898 im Vaudeville „Wie man Männer fesselt" im Theater in der Josefstadt an- und vor allem auszieht, hat geradezu liebenswürdige Grazie. Sie habe sich „von einer Tänzerin den Pariser Chic beibringen lassen", meldet „Die Fackel" von Karl Kraus. Und doch war sie nur eine Vorläuferin großer Stars der raffinierten Entblößung wie Olga Desmond: „Preußens nackte Venus" tritt 1908 und 1909 unter anderem im Wiener Varieté Apollo auf. Für einige Zeitgenossen ist sie die Duse der Grazie und Tanzkunst, Schönheitsprophetin, Isadora-Duncan-Erbin, für andere ein Skandal, ein schamloses Frauenzimmer. Gegen Ende der 1920er Jahre sinkt die Nachfrage nach ihrem eher statischen Tanzstil, der als veraltet gilt, sobald der Ausdruckstanz das Terrain erobert und Aufsehen erregt.

Quasi auf der Durchreise machen sie in Wien Furore: Aufreger im Nachtleben der Stadt sind Valeska Gert, die Grotesktänze aufführt, wie wenn man einen Kreisel aufzieht, und Anita Berber, die sich – zur „interessantesten Frau der Gegenwart" stilisiert – wie ein lebendes Plakat mit der Überschrift „Kokain" inszeniert.

Sie tanzten ein paar Jahre unter medialem Skandalgetöse exzentrisch durch die aus den Fugen geratene Zeit, um dann mitten in einem Leben auf der Überholspur zu sterben, so wie Lena Amsel, oder verlassen und elend, wie Maria Orska. Und schon bald wusste niemand mehr, wer sie einmal waren.

Mit ihren Launen machten die beiden konkurrierenden Opern-Superstars Maria Olszewska und Maria Jeritza Schlagzeilen. Für Aufsehen sorgten mit ihren Eroberungen in der Männerwelt schließlich das Hans-Makart-Modell Hanna Klinkosch und Gräfin Kitty Schönborn, die Braut von Baron Eugen Rothschild.

Es ist die aufgeregte Zeit der zügellosen Vergnügungssucht nach dem Ersten Weltkrieg. Das Geld verfällt schnell in den Zwanzigern, als die Verehrung von Stars beginnt, sich zum Kult zu entwickelt, und Ruhm und Reichtum mit Glanz und Glamour zelebriert wird. Was in diesen wenigen Jahren zwischen den Kriegen zählt, ist nur das Heute, das Jetzt, weil niemand weiß, was morgen ist. Die Lust an der Unterhaltung befeuert Kinos, spektakuläre Sportveranstaltungen, Modeschauen, Revuetheater, Filmstudios, Boulevardblätter und Illustrierte.

Oft ist die Frau und ihr Auto Thema, etwa in der „Revue des Monats": „Die Frau hat ja so schnell begriffen, dass das Automobil ein Bedürfnis, eine Notwendigkeit der modernen Existenz ist. Im Auto findet sie die Fortsetzung ihres Willens, am Volant wachsen ihr Flügel. Was fehlt ihr eigentlich noch zum Engel?" Am 28. Oktober 1923 findet im Wiener Prater das erste Autorennen der Damen mit 200.000 Zuschauern statt. Durch die Anwesenheit von Autobranche, Aristokratie und Film in der Hauptallee entsteht an diesem Sonntagvormittag ein Gemisch aus Freudenau, Semmering und Operettenpremiere.

Die Nachzügler vergangener Epochen beschwören gern angesichts der schrecklichen Gegenwart die angeblich gute alte Zeit. Unsereiner wundert sich nach einem geschärften Blick auf das Gestern und Vorgestern: Welch ein Leben haben die Menschen damals geführt! Wann haben sie überhaupt geschlafen? Und vor allem: mit wem?

Frauen von Welt, gestern noch bekannt in London, Paris, Budapest und Berlin, Glanz verbreitend und Staub aufwirbelnd, wie es nur wandelnden Titelbildern zukommt, sonnten sich eine Zeitlang im Glanz ihrer Popularität und waren dann entweder tot oder rasch wieder in der Anonymität verschwunden. Oder aber sie taten es wie die Ballett-Primadonnen, die früher oder später einem Prinzen die Hand zur Ehe reichten, um sich – inkognito – auf den Lorbeeren einstmaliger Prominenz auszuruhen.

Jede auf ihre Art war die Personifizierung der Um- und Aufbrüche ihrer Zeit. Sie nahmen sich Freiheiten, von denen andere nur träumten. Sie amüsierten unsere Großväter-Generation. In Tanz, Theater, Varieté und Film zu ihrer Zeit schillernd und berühmt, weckten sie Emotionen. Sie sind heute vielfach zu Unrecht vergessen, denn sie waren mutige und moderne Frauen in einer noch gar nicht modernen Welt. Und sie alle dachten wohl, was Tolstaja, die Frau an der Seite von Leo Tolstoi, in ihr Tagebuch geschrieben hat: „Das Leben soll lärmen, glänzen und entzücken."

Die Königin
der Fußspitzenakrobatik

. . . .

*Eine Tanz-Koryphäe war sie und die bedeutendste Nachfolgerin
der berühmten Fanny Elßler: Katharina Abel, von ihren Zeitgenossen die „Einzige" genannt, beherrscht als Star des Hofopernballetts das ganze Repertoire aus dem Effeff, angefangen vom
Pas Coupé, dem Schritt, der gehoben und gebogen wird, über
das Battement, die schlagende Bewegung des Spielbeins, bis
zur höchsten Fußkoloratur. Sie ist ein Ereignis als Königin des
Lichts in „Excelsior" und als Geisha in der „Puppenfee" – ehe sie
eine Gräfin Orssich wird.*

August 1917. Über eine gemütliche Unterhaltung im Extra-
zimmer eines kleinen Gasthauses in der Vorstadt beim Stammtisch des Hofopernballetts berichtet die „Österreichische Volks-
Zeitung". Wie geht's den Tanzberühmtheiten?

Sie halten nicht mehr so sehr nach ehetauglichen Grafen
und Fürsten Ausschau. Sie heiraten nicht mehr so häufig wie
früher in den ältesten Adel hinein, wie einst die entzückenden
Schwestern Taglioni, von denen sich die eine, Luise, mit einem
Grafen Dubourg, die andere, Marie, 1865 mit dem Gardeka-
pitän Joseph Prinz zu Windisch-Grätz vermählt hat. Davor
war sie – allerdings nur wenige Jahre – mit dem Grafen Gilbert
de Voisins verheiratet. Von dessen märchenhaftem Reichtum
erzählt man sich eine romantische Geschichte: Der Graf lud
zu einem Fest zahlreiche Gäste ein und ließ ihnen Erdbeeren
mit Zucker servieren. Aber es wäre kaum ratsam gewesen, die

Erdbeeren zu essen, denn es waren mit Zucker bestreute Edelsteine. Den luxuriösen Spaß ließ sich der Graf angeblich mehr als 100.000 Franken kosten. Kein Wunder, dass er in kurzer Zeit sein Vermögen los war und ebenso riesige Schulden besaß. Die Taglioni erkannte rechtzeitig die Gefahr und – ließ sich scheiden.

Man erinnerte sich beim Plausch in der Vorstadt auch der unvergessenen Primaballerina Bertha Linda, die zuerst Hans Makarts Frau und nach dessen Tod 1884 eine Gräfin Strachwitz wurde, um in dritter Ehe wieder bürgerlich zu werden. Eine altadelige Heirat sei nun – anno 1917 – nicht mehr das höchste Ziel der Ballerina. Ein jüngerer Baron tue es ebenso oder ein angesehener Arzt oder ein tüchtiger Künstler. Auch das Hofballett werde heute demokratisch.

Da war es aber noch nicht so lange her, dass an der Hofoper – nach einem ungeschriebenen Gesetz – keine verheiratete Frau Tänzerin sein durfte. Nahm sie den Ehering, musste sie gehen. So sucht auch Katharina Abel (1856–1904), berühmt für eine geradezu phänomenale Fußspitzentechnik, im Frühsommer 1890 bei der Direktion der Hofoper um die Einwilligung zu ihrer Vermählung mit dem zehn Jahre jüngeren Graf Georg Orssich de Slavetich an. Denn sie will „auf ihre künstlerische Tätigkeit" nicht verzichten, wie das „Salonblatt" berichtet.

Ursprünglich war die Tochter des Besitzers des vornehmsten Hotels in Wiener Neustadt, Zum goldenen Hirschen in der Neunkirchnerstraße, das, was man im Wien der Franz-Joseph-Zeit ein „Engerl" nannte. Ein Engerl hat ein liebes, rundes Vorstadtgesicht, einen ums Haupt geflochtenen Zopf, außerdem ein hauchzartes, weißes Kleid, wie aus Walzerblüten von Johann Strauß gewebt. Die Abel hat ihr erstes Engagement mit zwölf am Kärntnertortheater und geht drei Jahre später ans Hofoperntheater.

Katharina Abel: ab 1880 Solotänzerin am Hofoperntheater

Damit ist sie mittendrin unter den Angeschwärmten und Begehrten, denen so mancher sein Vermögen zu Füßen zu legen bereit ist. Für eine Schauspielerin, Sängerin oder Tänzerin gilt es zudem als prestigeträchtig, eine Beziehung zu einem prominenten Mitglied des Herrscherhauses oder der hohen Aristokratie zu haben. Und die Abel hat gute Kontakte. Gewisse private Räume der Hofburg sollen ihr nicht unbekannt geblieben sein.

Das erste sichtbare Zeichen im Zeremoniell des Werbens und der Verführung ist zu jener Zeit ein kleines Diamantkreuz. Wird es angenommen und getragen, wissen die Kolleginnen vom Ballett: Ein aristokratischer Verehrer ist auf der Bildfläche erschienen. Nach einiger Zeit folgt ein wertvolles Bracelet als Geschenk der Liebe, und damit ist die Liaison besiegelt. Meist so lange, bis sich unerwünschter Nachwuchs einstellt.

Die bekannt indiskrete Marie Louise Gräfin Larisch-Wallersee, Nichte der Kaiserin Elisabeth von Österreich, erinnert sich viele Jahre später an ein Erlebnis bei der Opernredoute: Ein junger Mann flirtet mit ihr, der als Fledermaus Maskierten, bis sie bemerkt, dass er sie für „die Abel" hält. Als Marie erfährt, dass sie mit Erzherzog Johann Salvator getanzt hat, weiß sie, wer „der Abel" demnächst seine Aufwartung machen wird.

Die aber gibt dem Geldadel den Vorzug und angelt hat sich einen Millionär. Alle beneiden sie um einen der angeblich reichsten Männer von Wien und ihn um die bildschöne Geliebte, die 1875 ihre Tochter Marie auf die Welt bringt. Aber das Glück ist nur von kurzer Dauer. Der Bankier verliert in der Folge des Wiener Börsenkrachs 1873 sein Vermögen und geht nach Paris, um sich dort eine neue Existenz aufzubauen. Die Leidenschaft seiner späten Jahre ohne Reichtum sind Lackstiefletten: 112 Paar hinterlässt er seinem Diener als Erbe.

Abels Tochter wird „in Pension", also zu Pflegeeltern, gegeben. Die Mutter ist ab 1880 Solotänzerin am Hofoperntheater Wien und wohnt in der City in der Nibelungengasse 10. Ihr zuliebe werden Ballettmusiken komponiert und Schauspielstücke des älteren Repertoires aus dem Archiv geholt. Sie bringt mit ihrer extrem geschnürten Taille, ihren schwarzen Haaren und strahlenden Augen einen Hauch gebändigter Erotik in die für diese Ära typischen großen Ausstattungs- und Zauberballette mit üppigen Kostümen und verschwenderischen Dekorationen. „Fräulein Abel verbindet die Grazie der Ballerina mit der ausdrucksvollsten Mimik der Schauspielerin auf das glücklichste", sagt der Komponist Hugo Wolf.

Bei einer Vorstellung von „Giselle" stürzt sie 1883 von einem Rosenbusch aus drei Metern Höhe auf die Bühne und bricht sich einen Knöchel. Aber es ist Glück im Unglück, dass ihr die Hofoper – damals unüblich – auch weiterhin ihre Gage zahlt. Durch ihr schauspielerisches Talent kann sie ihre Karriere fortsetzen, als Fenella in „Die Stumme von Portici". In der Titelrolle in „Die schöne Melusine" steigt sie „aus schäumen-

Nr. 17. Wien, am 20. Juli 1890. X. Jahrg.

Graf und Gräfin Georg Orssich de Slavetich.

„Der Humorist" vom 20. Juli 1890: Die Tänzerin als Gräfin am Titelblatt

den Wellen empor im berückenden Glanz ihrer Schönheit", so der „Humorist". Da „war der Bewunderung und des Staunens kein Ende." Aber ihre Paraderolle ist die „Göttin des Lichts" in der choreographischen Komposition „Excelsior" von Luigi Manzotti, 1881 an der Mailänder Scala uraufgeführt, ein Loblied auf die Moderne und den Fortschritt der Wissenschaft. Die Fürstin Pauline Metternich, Schwiegertochter des berühmten Staatsmannes, gilt als Geburtshelferin für „Die Puppenfee", eines der erfolgreichsten Ballette überhaupt. Inspiriert von einer Choreographie von Madame Mariquita in Paris, ließ sie schon 1867 bei einem Wohltätigkeitsfest Mitglieder der Gesellschaft in einem Puppenladen agieren. Mehr als zwanzig Jahre später organisiert die Fürstin in Wien am 9. April 1888 im Palais Liechtenstein in der Bankgasse ein ähnliches Fest zugunsten der Opfer einer Überschwemmung in Ungarn und einer Feuersbrunst in Galizien. Dabei tanzen und spielen ausschließlich Mitglieder des Adels. Sogar der Kaiser, Kronprinz Rudolf und drei Erzherzöge kommen zur Premiere.

Bei der offiziellen Uraufführung sechs Monate später im Hofoperntheater tritt die Abel als „Mechanische Figurine" im Kimono auf und entspricht damit dem Japan-Hype, den Reiseberichte aus dem sehr exotisch anmutenden Land in Fernost zu dieser Zeit in Mitteleuropa auslösen.

In der Augustinerkirche, heute Teil des Albertina-Traktes der Wiener Hofburg, findet am 14. Juli 1890 um 8 Uhr die Trauung des Grafen Georg Orssich und des Fräuleins Katharina Abel statt. Die Braut trägt ein schlichtes graues Kleid und einen breitrandigen Strohhut, der Bräutigam ebenfalls einen grauen Anzug. Anschließend flittert das Paar am Semmering und übersiedelt schon bald auf die gräfliche Besitzung Theresienfeld bei Wiener Neustadt. Die mittlerweile 15-jährige Tochter der Abel wird kurzerhand mit dem Gutsnachbarn Ludwig Edlen von Fautz verheiratet.

Man lebt auf großem Fuß. Die Abel beklagt sich in Briefen über den verschwenderischen Umgang des Grafen mit ihrem anfangs beträchtlichen Vermögen. Sie verfügt über 400.000

Kronen und Schmuck im Wert von 100.000 Kronen. Dazu kommt ab 1892 eine Pension, als sie aus gesundheitlichen Gründen aus dem Ensemble der Hofoper ausscheidet. Und erst nach ihrem Tod wird bekannt, dass sie von Graf Heinrich Hardegg eine großzügige Leibrente von 6.000 Kronen jährlich bezogen hatte.

Vielbeachtet ist eine Radtour der Orssichs auf einem Tandem durch Oberitalien. Im Juli 1897 berichtet die „Radfahr Sportzeitung", dass „das schöne Paar, das allgemein berechtigtes Aufsehen und Bewunderung erregt, die Strecke Mailand–Verona an einem Tag bewältigt". Kurz darauf beginnt sich Graf Orssich für den Automobilsport zu interessieren.

Nach Kuraufenthalten in Baden bei Wien, wo sie die letzten Lebensjahre in der Beethovengasse 2 wohnt, stirbt Katharina Orssich-Abel am 6. März 1904 mit 49 Jahren an einem Krebsleiden und wird in der Familiengruft am Friedhof von Varasdin beigesetzt. Da sind von ihrem Vermögen nur noch 66 Kronen übrig.

Der trauernde Witwer, auf der Suche nach einer neuen finanziellen Basis, wird bei Valerie „Vally" Henriette Goldschmidt (1878–1945) fündig, einer reichen Berliner Bankierstochter. Weil das Gut Theresienfeld schon zu Lebzeiten der Abel verkauft werden musste, wird nun Kroatien zum Wohnsitz der Familie Orssich mit den 1907 und 1910 geborenen Kindern Peter und Valerie.

Großes Aufsehen in den aristokratischen Kreisen Wiens erregt 1910 ein Erbschaftsstreit. Die Klägerin: Abels Tochter, Maria Katarina Edle von Fautz (1876–1968). Der Beklagte: ihr Stiefvater Graf Georg Orssich. Sie fordert 200.000 Kronen, die er ausgegeben und deren Rückgabe er seiner Stieftochter ebenso versprochen habe wie eine lebenslange Rente nach dem Tod ihrer Mutter. Eine schriftliche Vereinbarung habe er mit der

Bemerkung abgelehnt, diese sei unter Kavalieren nicht notwendig.

Aber nun lebt Graf Orssich in Kroatien, eine Klage dort würde Jahre dauern und die Klägerin viel Geld kosten. So muss sich Maria von Fautz gedulden, bis ihr der Zufall zur Hilfe kommt. Graf Orssich lässt ein paar Stiefelklötze in einem Wiener Hotel zurück. Die gelten rechtlich als „Vermögensobjekt", sodass die Klage vor Ort eingereicht werden kann. Aber am Ende hilft alles nichts: Der Prozess zieht sich in die Länge. Der Graf kann das Gericht überzeugen, mittellos zu sein und vom Vermögen seiner Frau zu leben. Aber er tut's nicht schlecht, denn als passionierter Automobilsportler nimmt er mit seinem schweren Adler-Wagen an zwei Prinz-Heinrich- und ab 1912 an Österreichischen Alpenfahrten teil.

Ehefrau Nummer drei hat es auf seinen Titel abgesehen. Zwar gibt es in der Republik ab 1918 kein „k. & k.", oder wie die Wiener sagen „ka kaka mehr", also offiziell auch keine Adelstitel mehr, „was die ,Aristokraten' aber nicht hindert, sie zu führen, und die Lakaien aller Art nicht, sie in der Anrede zu gebrauchen", ätzt die „Arbeiter-Zeitung". Die reiche Witwe nach dem Wiener Fabrikanten Kommerzialrat Alfred Schrantz (später Hutter & Schrantz), „Frau Amalia Schrantz, hat sich (so eine Art adeliger Nachgeburt) erst nach Abschaffung der Adelstitel in Österreich in eine Gräfin gewandelt, und zwar, damit das Parfüm echter erscheine, gleich in eine Gräfin Amelie Orssich. Die Amalia wurde auch zum alten Eisen geworfen."

Die Gräfin „Maltschi" Schrantz spürt nichts von der eklatanten Not am Ende des Ersten Weltkrieges: Ihr gehört eine Dreizehn-Zimmer-Villa in der Trazerberggasse 6 in Ober Sankt Veit (1969/70 abgerissen), eine Stadtwohnung beim Belvedere in der Karolinengasse 5 und ein Landgut in Hagenau.

Ein jahrelanger Rechtsstreit entbrennt um das unbewohnte Objekt in Ober Sankt Veit, als es 1920 in Zeiten größter Not vom Wohnungsamt für eine obdachlose fünfköpfige Familie angefordert wird: Der sozialistische Stadtrat und Journalist Max Winter, bekannt vor allem als Schöpfer der Sozialreportage im deutschsprachigen Raum, zieht mit Frau und Kindern in das Anwesen, zu dem auch ein Palmenhaus, ein Tennisplatz und eine Kegelbahn gehören. Das Wohnungsamt, so berichtet die „Arbeiter-Zeitung", vertritt die Auffassung, dass es „dieser Dame und ihrem zweiten Mann genügen muss, dass sie in der Karolinengasse und in Hagenau wohnen können".

Dem leicht erregbaren Grafen geht die Einquartierung à contrecœur. Die „Reichspost" titelt „Der Proletarierführer in der Grafenvilla". Zur Räumungsklage kommt ein Ehrenbeleidigungsprozess im Bezirksgericht Hietzing. Ex-Stadtrat Winter, der angeblich Hühner im Haus hält und den Garten für Sonnenbäder benutzt, wird als „dreckiger Saujud" beschimpft. Der kontert mit „Individuum". Am Ende werden der Graf zu 10.000 und die Gräfin zu 5.000 Kronen Geldstrafe verurteilt. Beide melden Berufung an.

1937 stirbt Orssich an einem Herzleiden in seiner Wiener Stadtwohnung in der Seilerstätte 11 – im selben Jahr Max Winter einsam in einem Krankenhaus in Hollywood. Da ist auch die schöne Katharina Abel, deren Jahrhundert-Aura sich nur schwer in Worte fassen lässt, nur noch eine sentimentale Erinnerung älterer Herren.

Von Hans Makart gemalt: Johanna Klinkosch, vor 1884

Hans Makarts Muse

. . . .

Als eines der schönsten Mädchen von Wien ist sie Blickfang bei allen glanzvollen gesellschaftlichen Veranstaltungen ihrer Zeit, lange bevor für solche Geschöpfe das Wort „It-Girl" erfunden wird: Johanna Klinkosch ist die Tochter eines Edelmetallfabrikanten, im Nebenberuf das Lieblingsmodell von Hans Makart und mit ihrer Schwester Paula die Zierde seiner Atelierfeste. Das Modell für die Blumen streuende Jungfrau im Riesengemälde „Der Einzug Karl des V. in Antwerpen" von 1878 mutiert schließlich als Fürstin Liechtenstein zur Prinzessin und Salondame.

Ein kleiner Sonnenschein: Die schöne Hanna trägt ihr goldblondes Haar in breiten Zöpfen im Stil der Kaiserin Elisabeth zu einer Art Krone geflochten auf dem Scheitel. Sie ist die ältere Tochter des Hofsilberschmiedes Josef Carl Klinkosch (1822–1888). Das Haus des Silberwaren-Produzenten und Kunst- und Antiquitätensammlers und seiner Frau Elise in der Afrikanergasse 3 in der Leopoldstadt ist ein beliebter Treffpunkt der vornehmen Wiener Gesellschaft, des Adels und der Diplomatie.

Als ein junger Mann mit vielversprechender Zukunft, Sohn aus alter adeliger Beamtenfamilie, im Haus Klinkosch um die Hand einer der beiden Töchter anhält, fragt die strenge Mama: „Wie hoch ist Ihr Einkommen?" „3.600 Gulden" ist die Antwort. „Lieber Mann" entgegnet Frau von Klinkosch, „das ist gerade so viel, wie meine beiden Töchter jährlich für Taschentücher brauchen."

Ein anderes in Wien zirkulierendes Bonmot überliefert die Zeitschrift „Die Bühne": Die Schwestern Klinkosch besichtigen auf einer Reise die Sehenswürdigkeiten von Paris, darunter die „Venus von Milo" im Louvre. Man fragt sie, wie ihnen denn dieses Meisterwerk antiker Kunst gefallen habe? Und sie antworten unisono: „Mein Gott, so schön sind wir auch noch!"

Die beiden Klinkosch-Töchter kommen auf dem Standesamt zu Adelstiteln. Hannas erste Ehe mit Albert Ottomar von Haupt, dem Manager der Anglo-Österreichischen Bank in London, wird mit päpstlichem Dispens wieder annulliert, ehe sie am 20. Mai 1890 in der Pfarrkirche St. Johann in der Praterstraße den Landmarschall von Niederösterreich, Prinz Aloys von und zu Liechtenstein (1846–1920), heiratet. Schwester Paula Klinkosch (1851–1901) wird immerhin eine Gräfin Széchenyi.

Beide Frauen stehen Modell für „Die fünf Sinne" und vor allem für das Gemälde „Der Einzug Karl V. in Antwerpen" (1878), in dem Johanna Klinkosch (1849–1925) vor dem Kaiser aus einem Korb Rosen streut. Daniel Spitzer spottet über Makarts Festzug, der Komparserie in Kostümen aller möglichen Epochen und halbnackte Ehrenjungfrauen zeigt: Der Habsburger-Monarch reite wohl „auf einem unserer Kostümbälle während des Faschings" ein.

Die Wiener stürmen zu Tausenden das Atelier des Malers in der Gußhausstraße. Die Polizei muss für Ordnung sorgen. Allein bei einer Ausstellung im Künstlerhaus zahlen in nur wenigen Tagen 34.000 Besucher Eintrittsgeld, um die Historienszene zu sehen, auf der pikante Details zu entdecken sind. Die Moral- und Sittenwächter erklären das Werk zum Skandal, weil darauf stadtbekannte Wienerinnen leicht bekleidet bis textilfrei wiedererkennbar sind. Es sei eine „typisch Makart'sche Provokation", dass die Frauen „ausgezogen" seien, „splitternackt, füllig, weich und halb kindlich, aber mit einer Frisur vom feinsten Coiffeur".

Wien hat Stoff für Klatsch und Tratsch. Man munkelt wochenlang von Ehezwistigkeiten auf Grund der freizügigen Darstellungen prominenter Frauen. Schließlich bereitet der Künstler selbst dem Gerede ein Ende und erklärt, er habe den Körpern seiner Berufsmodelle nur die Köpfe der von ihm ausgewählten Damen der Wiener Gesellschaft aufgesetzt. Nun wagt es niemand mehr zu behaupten, eine der Schönen auf der Leinwand wäre dem Künstler in ganzer Figur nackt Modell gestanden … Das rund 50 Quadratmeter große Bild tourt durch Europa, bis es 1881 die Hamburger Kunsthalle um 130.000 Mark erwirbt.

Manche behaupten, „Die Falknerin" (um 1880, heute in der Münchner Neuen Pinakothek) von Makart trage die Züge der Schauspielerin Auguste Wilbrandt-Baudius. Aber vermutlich war doch Hanna Klinkosch das Modell für das berühmte Bild. Es wird 1937 von der Wiener Galerie Neumann & Salzer an Karl Haberstocks Galerie in Berlin verkauft und kommt in den Besitz von Adolf Hitler. Der schenkt es im vergoldeten Rahmen seinem Feldmarschall Hermann Göring am 12. Jänner 1938 zum 45. Geburtstag.

Mit Aloys von und zu Liechtenstein lebt Hanna in der 1887 im Tudorstil erbauten Villa in der Valeriestraße (heute Böcklinstraße 39) am Rande der Praterauen. Der „rote Prinz" liebt die Natur, die Prinzessin würde lieber näher am Stadtzentrum residieren. Er engagiert sich nach kurzer militärischer und diplomatischer Laufbahn politisch und wird als einer der Führer der konservativen Partei Parlamentarier.

Die Villa ist eigentlich ein Schloss. „Die Prunkräume, der blaue und goldene Salon im ersten Stock, gelten im kaiserlichen Wien als Sehenswürdigkeiten. Die Wände sind mit kostbaren Hölzern ausgelegt, auf deren Goldgrund die Porträts der Familie Liechtenstein und andere Bilder aufglänzen", schreibt die „Reichspost" über das Interieur. „Auch die Stuckaturen, die Marmorkamine und Simse, die Deckengemälde, die vier Jahreszeiten darstellend, die Stilmöbel und Statuetten sind erlesene Kunstwerke. Der Inhalt der beiden Salons wurde nach dem Ableben des Prinzen unter Denkmalschutz gestellt."

Was in Wien Rang und Namen hat, hohe Geistliche, Aristokraten, Künstler und Gelehrte, versammelt sich im blauen Salon, „in dem die Wachskerzen in den silbernen Girandolen bis spät in die Nacht hinein zu anregendem, geistreichem Geplauder" leuchten. Die Prinzessin organisiert in ihrem Salon Benefiz-Empfänge und -Vorstellungen mit prominenten Künstlern zugunsten eines Witwen- und Waisenhilfsfonds. Sogar die Witwe von Johann Strauß unterstützt ihr Anliegen und öffnet mitten im Ersten Weltkrieg ihr Heim für „eine Stunde Hausmusik".

Auch zahlreiche Politiker sind zu Gast in der Villa Liechtenstein. Der Prinz ist ein enger Vertrauter von Bürgermeister Karl Lueger und Mitglied seiner regelmäßigen Diskussionsrunde im Hotel Zur Goldenen Ente in der Riemergasse 4, einem Studienkreis katholischer Sozialreformer. Dort entsteht auch das Programm der Christlichsozialen Bewegung. Als deren Kandidat für den Vorortewahlkreis Hernals-Ottakring kommt Liechtenstein 1891 als Abgeordneter ins Parlament. Im selben Jahr erleidet die fast 42-jährige Prinzessin Liechtenstein eine Totgeburt. Sie schwebt in Lebensgefahr und hat eine Netzhautablösung, sodass die Ärzte befürchten, sie könnte erblinden. Langsam erholt sie sich in Bad Kissingen. Aber die Ehe bleibt kinderlos.

Lueger, schon an der Zuckerkrankheit leidend, sitzt bei den Liechtensteins bis zuletzt gern unter dem großen, rot blühenden Kastanienbaum, dem Prachtstück des Gartens, im beque-

Johanna Klinkosch als Prinzessin Liechtenstein im Jahr 1915

men Sessel, den ihm die Dame des Hauses fürsorglich zu-
rechtstellt. Im Frühjahr 1920 stirbt auch der Prinz. „Man darf
wohl sagen, an gebrochenem Herzen", schreibt die „Reichspost". Er hatte gerade an einem Artikel über den Bolschewis-

mus geschrieben. Bei dem Namen „Lenin" war ihm nach einem tödlichen Schlaganfall offenbar die Feder aus der Hand geglitten.

Die Töchter des Prinzen aus seiner ersten Ehe mit Lady Maria Fox können das kostbare, aber vor allem kostspielige Erbe nicht mehr halten. Der alte Herrschaftsbesitz wechselt mehrmals den Besitzer. Prinzessin Hanna lebt indes zurückgezogen bis zu ihrem Tod am 31. Jänner 1925 in der Marchetstraße 2 in Baden bei Wien und liegt am Badener Friedhof St. Helena begraben.

„Hanna Liechtenstein wurde den vier Töchtern ihres Gatten aus erster Ehe eine zärtliche Mutter und behauptete ihren Platz in der Gesellschaft", heißt es im Nachruf der „Neuen Freien Presse". „Als Lebensgefährtin dieses streitbaren Politikers fiel ihr die Aufgabe zu, Gegensätze auszugleichen, Sprödigkeit und Härten zu glätten, mit einem guten Frauenwort, einem feinen Lächeln über Verlegenheiten hinweg zu helfen. Der Politik ist sie geflissentlich fern geblieben. Nur einen Ehrgeiz hatte sie: den, ihre bürgerliche Herkunft nicht zu verleugnen, und für die Patrizierfamilie, der sie entstammte, die richtige Würdigung geltend zu machen. Aber gerade dadurch besiegte sie manches Vorurteil, auf das sie unter den Standesgenossen ihres Gatten stieß. Ihr unermüdliches Bestreben, Notleidenden zu helfen, setzte nie aus, und eines der schönsten Wiener Werke, das ‚Haus der Barmherzigkeit', verdankte ihr großzügige Aktionen."

Und das „Wiener Salonblatt" meldet: „Ihr lebensgroßes Porträt von Makart zierte ihren Salon. Da saß die alte Dame, im wahren Sinne des Wortes ‚grande dame', mit den feinen Kameenzügen, dem tizianroten Haar und der Schneppentaille, bis zuletzt, ihrem Jugendbildnis gleich."

Bewundert, angebetet, vergöttert

....

Hans Makart war einer der größten Schweiger, die je gelebt haben, berichten Zeitgenossen. Er konnte in Gesellschaft stundenlang einfach dasitzen, ohne dass man auch nur ein Wort aus seinem Mund vernommen hätte. Wie kam er dann zu seiner zweiten Frau, der als Primaballerina der Oper gefeierten Bertha Linda? Das „Berliner Tagblatt" scherzte über die Marotte des Malers: In einem von einem Freund entworfenen und von Makart unterzeichneten Brief an deren Mutter habe er um ihre Hand angehalten.

Kurios für den damals berühmtesten Maler Österreichs: Geheiratet wird in aller Stille am 31. Juli 1882 in der Hietzinger Pfarrkirche zu ungewöhnlicher Stunde, um 6 Uhr morgens. Nach dem Frühstück mit den Trauzeugen in der Wohnung der um zehn Jahre jüngeren Braut Bertha Linda (1850–1928), die eigentlich Bertha Babitsch heißt, geht's mit dem Eilzug in die Flitterwochen nach Tirol und Norditalien. Der wortkarge Künstler, der Schöpfer des Festzuges der Stadt Wien, war am Vorabend noch ganz ruhig wie gewohnt beim Kegeln, und keiner der Anwesenden hatte eine Ahnung von der bevorstehenden Vermählung. Also wenn das Schweigen der Gott der Glücklichen ist, dann war der Makart sicher der Glücklichsten einer.

Nachdem Gerüchte lange nicht verstummen wollten, der „Maler der Sinne" habe am Tod seiner ersten Frau, der Münchner Metzgerstochter Amalie Franziska Roithmayr, durch eine

Vergiftung mit einem roten Haarfärbemittel acht Jahre zuvor Mitschuld getragen, prophezeit die Satirezeitschrift „Der Floh" den beiden frisch Vermählten eine überaus ruhige Ehe. Wieso? Sie sei gewohnt, sich pantomimisch auszudrücken. Und er, der nicht gern redet, werde doch gewiss nicht widersprechen.

Bertha Linda ist von zierlicher Gestalt, aber keine Schönheit. Doch keine andere Dame, nicht einmal die junge Stella Hohenfels am Burgtheater, habe mit mehr Anmut junge Herren gespielt, erinnert man sich noch viele Jahre später. Und keine habe „mit so schelmischer Würde Höschen getragen" wie sie im Ballett „Coppélia oder Das Mädchen mit den Glasaugen" von Léo Delibes.

Aus Paris bringt sie 1876 so unanständige Toiletten mit, dass „sich selbst Herren skandalisieren": Ballett-Tänzerinnen tragen zu der Zeit über dem Trikot ein dichtes Höschen aus Leinwand, darüber eines aus Tüll und dann in drei, vier Lagen Röckchen aus Tüll. Die Linda hingegen trägt über dem Trikot nur das Höschen aus Tüll, sonst nichts.

Im Stil der Fanny Elßler ausgebildet, wird sie bereits mit 19 Jahren in einem Atemzug mit der Tanzkoryphäe Kathi Lanner genannt. Die Tochter des Komponisten Joseph Lanner verlässt früh Wien, feiert in „Giselle" Triumphe und ist in Hamburg in den 1860er Jahren Ballerina und Ballettmeisterin. Bertha Linda geht in Lanners Truppe auf Tourneen nach Skandinavien und Russland, Frankreich und Portugal. Nach einer Saison in Kairo wird sie erste Tänzerin in der Hofoper von Berlin. Ab August 1875 als Primaballerina ans Wiener Hofoperntheater verpflichtet, kreiert sie in ihrer Glanzrolle in „Satanella" mit Joseph Haßreiter ein Pas de deux – ihr Markenzeichen.

Was sie am Leib trägt oder nicht trägt, sorgt wochenlang ebenso für Tratsch wie die kostbaren Juwelen, die sie auf der

Bertha Linda, ab 1875 Primaballerina am Wiener Hofoperntheater

Bühne schmücken, während sie ein Detektiv hinter den Kulissen bewacht. Ab 1880 reduziert sie die Zahl ihrer Tanzauftritte und versucht sich parallel als Schauspielerin in kleinen Rollen. Und nach der Hochzeit mit Makart heißt es in gehässigen Presseartikeln, es wisse ja sowieso jeder, „dass Frau Bertha Linda recte Babitsch ihren Verstand in den Fußspitzen" habe und „hinsichtlich der übrigen Künste völlig ahnungslos" sei. Und ganz Wien fragt sich: Wird der Malerfürst und Dekorationskünstler weiterhin so üppige, reizvolle, verführerische Bilder schaffen wie „Die fünf Sinne" oder „Der Sommer" oder „Die Jagd der Diana"?

Im Sommer 1884 befällt Makart, wegen eines Halsleidens und Atembeschwerden in Reichenhall auf Kur, plötzlich ein „schweres Nervenleiden", berichten Zeitungen. In einer Nacht springt er zum Entsetzen seiner Frau aus dem Bett und ruft: „Mein Kopf, wo ist mein Kopf – ich habe keinen Kopf mehr, ich habe einen Farbenkasten hier oben sitzen und keinen Kopf!" Am nächsten Morgen wird Makart nach Wien zurückgebracht und in seinem Haus in der Gußhausgasse 5 von seiner Frau gepflegt. Dort stirbt er am 3. Oktober 1884 an einer Gehirnhautentzündung als Folge der Syphilis, die er sich auf einer Ägyptenreise geholt hatte.

Die verzweifelte Maler- und Professoren-Witwe stürzt sich über den offenen Sarg und ruft mit tränenerstickter Stimme: „Er ist mein, mir gehört er! Mein Hans, mein guter Hans, bist du wirklich tot!" – „Schlecht gespielt", kommentiert lakonisch die ebenfalls anwesende Charlotte Wolter, eine gute Bekannte des Verstorbenen. Er hatte die gefeierte Tragödin des Burgtheaters mit teuren Kostümentwürfen als Cleopatra oder Messalina für die Bühne ausgestattet und sie dann in diesen Rollen gemalt.

Bertha Makart-Linda zieht in die Doblhoffgasse 3, einem von Wilhelm Stiassny kurz zuvor errichteten Gebäude im Neo-renaissance-Stil, ehe es still wird um sie. Die Meldung über eine Verlobung mit dem bekannten Wiener Hof- und Gerichtsadvokaten Dr. Gustav Trebitsch vom Kahlenberg, wo sie ihren Sommer verbringt, erweist sich als Zeitungsente. Tatsächlich heiratet sie am 29. Juni 1888 in der Augustinerkirche in aller Stille einen preußischen Adeligen, den Grafen von Strachwitz-Großzauche-Kamenitz. Glücklos. Zum einen verzeihen die Makart-Verehrer der Witwe ihre neuerliche Verehelichung nicht. Als der Malerfürst im Oktober 1890 in einem Ehrengrab am Zentralfriedhof beigesetzt und sein von der Künstlergenossenschaft errichtetes Denkmal enthüllt wird, fehlt die Gräfin Strachwitz. Das Komitee hat sie erst gar nicht eingeladen. Zum anderen lebt Graf Strachwitz mit seiner, wie er sich ausdrückt, „ehrlosen Gattin" bereits 1892 in Scheidung.

Manchmal wär's schlicht von Vorteil, einfach Witwe zu bleiben. „Das einmalige Heiraten schon hat seine Bedenken", finden die „Wiener Caricaturen". Unglaublich seien aber erst die Verdrießlichkeiten und sogar die Blamagen, in die man durch mehrmaliges Heiraten hineinkommen könne. So kann es einem passieren, so komisch es klingt, dass man die aufeinanderfolgenden Ehemänner miteinander verwechselt, was den einen angeht, auf den anderen bezieht und dadurch in Prozesse hineinkommt, aus denen man nicht immer mit Behagen wieder herauskommt.

So klagt die Gräfin Strachwitz-Makart-Linda ihren zweiten Mann wegen Ehrenbeleidigung, weil er allerlei unschmeichelhafte Dinge über sie geäußert habe. Sie hätte ihren ersten Mann während seiner Krankheit so schlecht gepflegt, dass zum Mindesten sein Leben dadurch nicht verlängert worden sei. Dann heißt es bei der Gerichtsverhandlung, der zweite Mann habe nur gesagt, sie habe ihn, den zweiten, in seiner Krankheit schlecht betreut – was man dann „in fataler Verwechslung" eben auf den ersten Mann bezog. Warum und wieso das geschehen konnte, wird nicht weiter erörtert. Aber der Fall zeigt: Da-Capo-Heiraten kann zu Unannehmlichkeiten führen.

Die Gräfin wechselt in den nächsten Jahren mehrmals die Adresse, ehe sie 1914 in Baden einen Reporter der „Badener Zeitung" am Erzherzog Wilhelm-Ring empfängt. Dort lebt sie seit zwei Jahren mit ihrem dritten Mann, dem Gardeoffizier im Ruhestand, Rittmeister Géza Udvalaky. Das Heim schmücken goldene Lorbeerkränze, Fotografien aus längst vergangenen Zeiten, Bilder und eine Sammlung orientalischer Waffen, eine Erinnerung an die weiten Reisen des Gemahls. Eindruck macht vor allem das Musikzimmer. Dort steht auf einer Säule eine Makart-Büste, die der Bildhauer Viktor Tilgner nach der Totenmaske des Malers angefertigt hat. Und an der Wand hängt Makarts letztes, unvollendet gebliebenes Ölbild „Der Frühling", das Bertha Linda zeigt (heute Salzburg, Kunsthalle Neue Residenz).

Bei einem weiteren Ortswechsel in Baden zieht man in eine Wohnung im ehemaligen Palais Erzherzog Anton, einem zweigeschossigen Empirebau in der Antonsgasse 10-12. Eine Übersicht über die Kunstschätze im Bezirk Baden verzeichnet in der „Sammlung Bertha Udvalaky" neben einem Brustbild Hans Makarts von Franz von Lenbach und einem Bildnis des Fräulein Bertha Linda von Gustav Gaul (im Dorotheum Salzburg 2011 um 3.500 Euro versteigert) eine ganze Reihe von Makart-Werken.

Nach dem Selbstmord des Rittmeisters klagt Bertha Udvalaky, durch Krieg und Inflation um ihr Vermögen gebracht, 1926 die Ungarische Allgemeine Assekuranz auf Auszahlung ihrer Leibrente, die sie im Jahr 1892 gekauft hat, in Höhe von 5.866 Schilling halbjährlich und bekommt in zweiter Instanz

Bertha Linda, porträtiert von Gustav Gaul (1883)

Recht. Mit dieser Rente und einer kleinen Pension lebt sie in sehr bescheidenen Verhältnissen in einer Zimmer-Küche-Wohnung in Meidling in der Rosasgasse und stirbt nach langer Krankheit und zwei Schlaganfällen 1928 im Sophienspital. Sie war mit Makart nur zwei Jahre verheiratet, hat ihn aber um 44 Jahre überlebt.

Und die „Neue Freie Presse" erinnert im Nachruf: „Mitten in der größten Banalität und Trivialität hirnverkalkter Ballettpoesie von anno dazumal war Bertha Linda liebeswürdig-mädchenhaft, Sylphe, Elfe, übersinnliches, schwereloses Naturwesen, beschwingt und beflügelt."

Leuchtender Stern
am Modehimmel

Wird ihr Name genannt, sagt in Wien jedes Kind: „Schönheit ist Reichtum. Schönheit ist Macht." Rosa Schaffer ist zu ihrer Glanzzeit die lebende Reklame für ihre Wundermittel und als erste Anbieterin von Systemkosmetik eine Vorläuferin so bekannter Marken wie Elizabeth Arden, Helena Rubinstein oder Estée Lauder. Aber Schönheit ist auch vergänglich und das Wissen darum der Grundstein jeder dieser Karrieren. Und des ersten Wiener Schönheitsmittelsalons.

Diese Erfolgsgeschichte beginnt mit einer Pleite. Der Ausbau der Ringstraßenzone führt ab 1867 in Verbindung mit spekulativen Gründungen von Aktienbanken und Finanzgesellschaften, die ohne ausreichendes Eigenkapital an die Börse gehen, zu einer Überhitzung der Konjunktur. Nach dem plötzlichen Zusammenbruch des Wiener Aktienmarktes am 9. Mai 1873, auch bekannt als „Gründerkrach", kommt es zu einem massiven Kurssturz und Panikverkäufen. Die Mehrzahl der kleinen Anleger, aber auch viele Banken und Gesellschaften sind ruiniert, Wirtschaftskrise und Inflation die Folge.

Auch der Tuchhändler Samuel Schaffer verliert dabei einen Großteil seines Kapitals und geht bankrott. Seine Frau Rosa fertigt nun Stickereien an, die sie in vornehme Häuser selber ausliefert. Im Palais Palffy rät ihr der Markgraf Palavicini, von ihrer eleganten Erscheinung beeindruckt, doch ein Herrenmodegeschäft zu eröffnen. Mit Unternehmergeist beginnt sie

1876 mit einem Commissionsgeschäft in der Essiggasse 2 in der Wiener Innenstadt. Vier Jahre später übersiedelt sie mit ihrer Herrenkonfektion an die Nobeladresse Graben 14/15, in den von Otto Thienemann und Otto Wagner neu erbauten Grabenhof. Mit feiner Wäsche und Modeartikeln wird sie zu einem „leuchtenden Stern am Wiener Modehimmel", so das „Neue Wiener Journal". Maßgeblich trägt dazu bei, dass sie 1881 zur Vermählung von Kronprinz Rudolf Ausstattungswäsche und feine Jagdartikel an den Hof liefert.

Aber zunächst ist Rosa Schaffer (1848–1931) als mondäne Frau in wallenden Gewändern, zu denen Hans Makart häufig die Entwürfe zeichnet, stadtbekannt. Der Chefdesigner der Wiener Gesellschaft malt sie mehrmals. Seinen Festzug anlässlich der Silbernen Hochzeit des Kaiserpaares am 24. Juli 1879 führt sie als Flora, Königin der Blumen, in einem mit sechs Lipizzanern bespannten Wagen an und darf dem Kaiserpaar ein Bukett überreichen.

„Die Repräsentantin der Flora – eine junonische Gestalt von blühender Schönheit – in Rosa, mit kirschrothem Sammte geputzter und reich mit Gold durchwirkter Seidenrobe nach der Mode des sechzehnten Jahrhunderts und im breitkrämpigen, mit rothem Sammt ausgeschlagenen Strohhute – strahlte als wahre Blumenkönigin auf ihrem Sitze und fesselte die Blicke der Zuseher nicht weniger als der reiche Blumen- und Blüthenschmuck, der sie umgab …", schreibt die „Neue Freie Presse".

Ihr elegantes, kleines Parfümeriegeschäft auf dem Kohlmarkt 6 hat erstklassige Kunden. König Milan von Serbien sucht bei jedem seiner Wien-Besuche ihren Laden auf, in dem sie selbst am Verkaufspult steht, und verleiht ihr den Titel einer „königlich serbischen Hof- und Kammerlieferantin". Ihr Erfolg weit über die Grenzen der Monarchie hinaus beruht auf dem unstillbaren Wunsch, bis ins hohe Lebensalter jung zu wirken.

*Rosa Schaffer in ihrer Glanzzeit, lebende Reklame ihres Schönheitsmittel-
salons, des ersten in Wien*

Die Erfinderin der „Ravissante"-Präparate verkauft verschiedene Schönheitsmittel, deren Rezepte sie als ihr Geheimnis
hütet. Die Kosmetik steckt noch in den Kinderschuhen. Ihr
Wahlspruch „Schönheit ist Reichtum. Schönheit ist Macht",
der auf all ihren Produkten prangt, ist ein geflügeltes Wort.

Die Unternehmerin Rosa Schaffer mit Poudre und Eau ravissante: Historische Reklame von 1900

Sie propagiert den „Jungbrunnen der Schönheit". Mit Rembrandthut und Straußenfedern lässt sie sich in der Anzeigenwerbung für Puder und Creme ravissante abbilden, ein Wundermittel, das „nicht nur alle Hautschäden, ja selbst Blatternarben und Muttermale verschwinden lässt, die Runzeln und Falten der Haut glättet, durch schlechtes Schminken erweiterte Poren zusammenzieht und jedes Frauenantlitz blendend schön und transparent erscheinen lässt". Zur Produktpalette gehört auch eine „imprägnierte Stirnbinde zur Erhaltung einer faltenlosen, marmorglatten Stirn".

Als Graf Adalbert Sternberg bei ihr mit über Jahre angesammelten 8.500 Kronen in der Kreide steht und nicht bezahlt, ist im Jahr 1900 eine Klage unvermeidbar. Bevor aus der feinen Wäsche öffentlich gewaschene Schmutzwäsche wird, kommt es zu einer außergerichtlichen Einigung, weil auch die Buchführung der Geschäftsfrau nicht ganz sauber gewesen sein soll. „Das Einzige, was wir bei diesem Rechtsstreit profitieren", so das „Wiener Montags-Journal", „ist die Tatsache, dass es ein Herrenhemd um 155 Gulden gibt. Wer überflüssiges Geld hat, der decke bei Frau Schaffer seinen Wäschebedarf, und wenn sein Reichtum nach einigen Jahren alle ist, dann wird ihm die Dame vielleicht schonend einen Tiegel ‚Poudre ravissante' in die Hand drücken, auf dessen Vignette zu lesen ist: ‚Schönheit ist Reichtum. Schönheit ist Macht.'"

Sie lässt sich 1908 mit 60 Jahren noch als „Venus ravissante" feiern und erkennt doch, dass sie den Zenit bereits überschritten hat. Die Konkurrenz schläft nicht, unter anderem die Herren August Nägele und Moritz Richard Strubell mit ihrem Geschäft Zum Genfer Kreuz am Graben 27. Der k & k Hoflieferant Nägele & Strubell etabliert sich als bevorzugtes Comptoir der feinen Wiener Gesellschaft. So schreibt Fürstin Palffy von ihrem Sommersitz in Böhmen an Strubell: „Schick mir mein Tubereuse – kann doch nicht nur die ewigen Rösser in der Nase haben! Und von der Creme, der meinigen, auch. Es können unbeschadet ein paar Tiegel sein …"

1912 schließt Rosa Schaffer ihre Niederlassungen am Kohlmarkt 6 und Maximilianplatz 5 (heute Rooseveltplatz). Die Produktion mit Versand erfolgt noch einige Jahre in Heiligenstadt, wo sie sich schon Jahre zuvor angesiedelt hatte. Doch die Zeiten, als sie auf „jedes Antlitz den Frühlingssonnenschein der Schönheit und Jugendfrische" gezaubert hat, sind vorbei. Sie, die einst auf jedem gesellschaftlichen Ereignis selbst Ereignis war, lebt nun zurückgezogen in der Hammerschmidtgasse 18. Dort hängt im Salon das bekannte Makart-Gemälde, das sie als Flora zeigt (es wurde am 13. Jänner 2000 bei Christie's in London um 6.900 Pfund versteigert).

Am 23. Juli 1927 berichtet die „Arbeiter-Zeitung" aus dem Bezirksgericht Döbling über eine Ehrenbeleidigungsklage von Johann Boschka gegen die 79-jährige Rosa Pfennigberger. „Nein, ich habe es nicht gesagt. Sie können mir's glauben, Herr Richter", beteuert die Angeklagte. „Ich habe in meinem Leben mit höchsten, allerhöchsten Herrschaften verkehrt, von Lulu, einem Nachkommen Napoleons III., habe ich einen Ring. Nein, ich habe es nicht gesagt." Dann schwirren noch andere prominente Namen durch den Raum.

Wer ist diese Frau? Die Parfümeriehändlerin Rosa Schaffer, verehelichte Pfennigberger. Die „schöne Rosa" hatte zuerst eine Krawattenhandlung am Graben und später ein Parfümeriegeschäft am Kohlmarkt. Kaiser Wilhelm II. und Kronprinz Rudolf waren ihre Kunden. Sie galt als eine der schönsten Frauen Wiens, wurde in enger Verbindung mit König Milan von Serbien genannt und in Hans Makarts Bild „Festzug der Stadt Wien" gemalt. Im engen Bezirksgerichtsaal lässt sie alle Gestalten der Vergangenheit aufmarschieren.

Vor den Richter brachte sie die Rattenbekämpfung ihres Hausmeisters. Ihn macht sie verantwortlich für den Tod dreier Hühner. Er habe die Rattenköder boshafterweise nicht sorgfältig genug weggeräumt, sodass die Hühner davon fraßen und verendeten. Die Angeklagte habe deshalb ihrer Entrüstung in sehr derben Ausdrücken Luft gemacht.

Der Richter: „Sie haben, Zeugen haben es bestätigt, ihren Hausmeister Johann Boschka beschimpft. Ich muss Sie verurteilen. Im Namen der Republik: fünf Schilling Geldstrafe." Die Angeklagte (schreiend): „Bei meiner Sterbestunde, die bald kommen wird, schwöre ich, dass ich ihn nicht beschimpft habe. Unbescholten war ich 79 Jahre, und nun kommt ein Boschka, den jeder in Nußdorf kennt, und bringt mich vor das Gericht. Ausgerechnet ein Boschka ..."

Weltsensation
mit Wiener Finale

· · · · · · · · · · · · · · · · · ·

*Fünf Lockenköpfe erregen Aufsehen. Bei der Weltausstellung
1893 in Chicago treten sie zum ersten Mal gemeinsam als The
Five Sisters Barrison auf. Dann erobern Lona, Olga, Sophia, In-
ger und Gertrude Paris. Sechs Monate tanzen die Show-Girls im
Varietétheater Folies Bergère im gleichen Programm mit Loïe
Fuller, Yvette Guilbert, Severin und anderen Stars. Die jüngste
der Geschwister bleibt als Tänzerin in Wien, lernt im Cabaret
Nachtlicht in der Ballgasse Peter Altenberg kennen und wird zur
Interpretin seiner Dichtungen.*

Sprühteufelchen in Aktion: Die Barrison Sisters sind im Oktober 1895 im Ronacher zu sehen. „Der Saal war bummvoll
und mir hab'n nur durch Protektion an' Platz kriegt, 's is aber
der Müh' werth, daß m'r si die Maderln anschaut", räsoniert
der Herr Thaddäus Hartriegel im Wiener humoristischen Wo-
chenblatt „Figaro". „I geh' jetzt alle Tag' zum Ronacher, weil i
mi an ihn're Engelsfußerln gar net satt seg'n kann. Das is schon
der höchste Kunstgenuß! Wie s' das Lied g'sungen hab'n: ‚Linger longer, longer linger, linger longer, loo!' Hernach hat si a
wuzerlfette Radfahrerin produzirt und a Hund hat am Klavier
‚Die letzte Rose' vurtrag'n. Mehr kaun selbst der verwöhnteste
Kunstgeschmack net verlanger."
    Die amerikanische Vaudeville-Truppe ist die vielleicht
größte Varieté-Attraktion um die Jahrhundertwende. Geklei-

The Barrison Sisters: Die größte Varieté-Attraktion um 1900

det sind die fünf Schwestern dänischer Herkunft in simple
rosa Schürzen, Rüschenröckchen und Kapotten auf den Köp-
fen – ganz im Stil der amerikanischen und englischen Schul-
kinder der 1890er Jahre. Sie kommen geradewegs vom Can-
can, tragen sogenannte Froufrous, ornamental vergrößerte
Unterwäsche, werfen ihre wohlgeformten Beinchen in die Luft
und singen mit piepsenden Stimmchen dazu.

Zum Höhepunkt ihrer Auftritte heben sie aufreizend ihre
Röcke knapp über die Knie und fragen ins Publikum: „Do you
want to see my pussy?" Wenn alle im Saal laut grölen, heben
die Brettl-Sirenen ihre Röcke noch höher, sodass außer der
Unterwäsche fünf zwischen die Schenkel geklemmte lebende
Kätzchen zu sehen sind. Die Barrisons ziehen sie aus ihren
Pompadours hervor und singen dazu mit Unschuldsmiene:

I have a little cat.
I like her like a pet.
But I want to have a Wauwau, Wauwau.

In einer Zeit der verlogensten Moral, der unglaublichsten Konventionen, Verschrobenheiten und Geziertheiten bewegen sie sich wie junge Fohlen. Sie wirken kindlich-naiv und doch lasziv-frivol. Das Doppeldeutige ist ihr Geschäft. „Mit einem Schlag sind diese kleinen Mädchen ungeheuer überlegen geworden. Je komplizierter die Traditionen waren, über die sie sich lustig machen, und je weniger sie sich ihrer Überlegenheit bewusst zu sein scheinen, desto größer ist ihr Sieg", schreibt Hugo von Hofmannsthal über die Wirkung des Quintetts.

„Mit einer Gassenbubenbewegung ihrer spitzen kleinen Finger, mit einem verächtlichen Herumwerfen ihrer kinderhaften Schultern, mit einem einzigen Aufschlag ihrer ahnungslosen Augenlider haben sie sich über eine riesige Konvention hinweggesetzt. Und ihre Schwäche macht aus ihrer Überlegenheit und Unverschämtheit etwas so Reizendes, wie es nur dann entsteht, wenn Kinder sich über konventionelle Lügen hinwegsetzen ...“

Die Sisters sind in vielem geradezu Revolution – so wie im Kunsttanz ihre Landsmännin Isadora Duncan. Der nackte Körper wird entdeckt. Die Mädchen sind etwas mehr als notwendig dekolletiert. Die erotische Sensation ist perfekt, der Moralist und Sittenwächter entrüstet. Das Wichtigste aber sind die Beine, das „eigentlich lebenswichtige Organ der Revue-Girls", so Alfred Polgar, „der gliederreiche, in vielen zarten Scharnieren bewegliche Sendeapparat, der erregende Wellen in den Zuschauerraum schickt. Umso erstaunlicher, dass die Girls aus Sparsamkeitsgründen gezwungen sind, die Beine schutzlos zu lassen, ohne das Futteral der Strümpfe.“

Das Gespenstische an den reizenden Girls sei, dass sie auch Gesichter haben. „Das menschliche Antlitz als Zugabe, als eigentlich sinnloser Annex von Büste, Bauch und Beinen", so Polgar, „das ist ein wenig unheimlich. Darum lächeln tüchtige Girls auch ohne Unterlass, um, den empfindsamen Zuschauer tröstend, anzudeuten, dass ihre Physiognomien sich über die Nebenrolle, die ihnen zugewiesen ist, nicht kränken."

Nach den Barrisons gibt es kein Tingeltangel, kein Varieté, in dem nicht „Sisters" auftreten, die die Beine hochwerfen und dazu quieken. Die Röcke werden kürzer, die Dekolletés tiefer. Um 1908 tritt dann die berühmte „goldene Venus" auf, eine ganz nackte, allerdings vergoldete und unbewegte Frau. Aber da haben sich die Barrisons schon lange aufgelöst.

Der Ausklang der Weltsensation spielt in Wien. Nur zwei der Sisters starten Solo-Karrieren. Lona erscheint schon zu Silvester 1896 im Etablissement Ronacher, zuerst als französisches Gigerl mit Monokel, Chapeau claque und weißer Gardenie. Nach einigen Chansons folgt „die noch immer wirkungsvolle Entkleidungsszene", so das „Neue Wiener Journal". „Fräulein Barrison weiß das sehr geschickt zu machen und geht auch in der Rücksicht für das etwaige prüde Publicum soweit, daß sie bittet wegzuschauen, wenn sie sich der selbst für das tiefste Negligé unentbehrlichen Toilettegegenstände entledigt." Schließlich besteigt sie einen prachtvollen Schimmel, reitet die spanische Schule und singt Lieder zu Pferd.

Die Tänzerin Gertrude Barrison (1880–1946) findet im literarischen Cabaret Nachtlicht, gerade in der alten Ballgasse neu eröffnet, herzliche Aufnahme bei den Wienern wie auch beim kleinen Künstlerkreis um Peter Altenberg, mit Polgar, Egon Friedell, Oskar Kokoschka, Adolf Loos und Frank Wedekind. An Altenbergs Stammtisch lauschen sie seinen Utopien von der Natur des Menschen. Gertrude trägt seine

Tänzerin Gertrude Barrison im Rokoko-Kostüm um 1906

Dichtungen zum ersten Mal in Berlin und anderswo vor. Sie sammelt jetzt echte historische Kostüme von 1600 bis in ihre Gegenwart. Mit derselben Selbstverständlichkeit, mit der die Sisters in ihre rosa Kleidchen geschlüpft sind, trägt sie nun das rosa Prachtgewand, das einst der Pompadour gehörte und das später im Berliner Schlossmuseum seinen Platz finden wird.

Sie tanzt, während ihre Füße in zierlichen Rokokoschuhen stecken, nach einer Mozartmelodie ein Menuett oder – in leuchtender rosa Krinoline – die fröhliche „Kathinka-Polka" von Johann Strauß Vater. Ihr Ehemann bis 1910 und mitunter auch Bühnenpartner ist ein Wiener Original: der Maler und Karikaturist, Sänger und Kabarettist Carl Leopold Hollitzer (1874–1942). Die beiden treten im Konzerthaus, im Orpheum und dem stilvollen Lokal in der Johannesgasse auf, als es noch Fledermaus heißt und nicht, wie ab 1914, Femina.

Sie bringt verschiedene Zeitalter im Tanz zum Ausdruck. Bei den „Romantikern" Lanners und der „Kathinka-Polka" von Strauß wirkt sie wie ein Mägdelein von Ferdinand Wald-müller, bei der „Offenbachiana" wie eine der Schönen, die in den 1860er-Jahren mit ihren raffinierten Tanzkünsten den Männern die Köpfe in den Sperl-Sälen verdreht hat.

In einem Kostüm von 1855 liest Gertrude Barrison mit ih-rem englischen Akzent die Märchen „Das Mädchen mit den Schwefelhölzern" und „Liebesleute" von Hans Christian An-dersen. Hollitzer singt dazu „Der arme Kundrat", den „Trägen Landsknecht" und das „Schön teutsch Reiterlied". Er ist, ein Riese an Gestalt, in Wien stadtbekannt und in der Wiener Ge-sellschaft beliebt. Zu seinen Freunden zählen Peter Altenberg, Hugo von Hofmannsthal, Alexander Moissi, Kolo Moser, Max Reinhardt, Arthur Schnitzler und Grete Wiesenthal. Ei-genwillig gekleidet, sieht er mit seinen oben weiten und unten engen Hosen, der braunen Samtjacke, einem breiten Schlapp-hut und der hellgrün-roten Flatterkrawatte wie der Bohème entsprungen aus. „Pan" nennen ihn seine Freunde. Eine „unge-bundene spaßfrohe Künstlerreliquie" ist er für das „Prager Tagblatt", „ein Löwe mit wallender Vollbartmähne."

Wer an Hollitzers Tisch in der Reiss-Bar (Dorotheergasse 7) Platz nehmen darf, hat die höheren Weihen des Kaffeehausruhmes erlangt. Das Lokal ist mit Arbeiten des Karikaturisten austapeziert, der viele berühmte Zeitgenossen wie Gustav Klimt, Karl Kraus, Hermann Bahr und Egon Friedell karikiert und auch Bühnenbilder, unter anderem für das Burgtheater, entwirft. Für die Reiss-Bar ist Hollitzer der Star schlechthin, wenn er dort mit sonorer Bass-Stimme singt.

Er hat das Glück, der Familie eines Schotter-Unternehmers zu entstammen, die zur Zeit der Donauregulierung zu Wohlstand gelangte. Dieses ermöglicht Hollitzer, ein sorgenfreies Leben nach eigenem Gusto zu führen. Um die bedeutende und wertvolle Waffen- und Uniform-Sammlung des gesuchten Experten für Militärgeschichte und vor allem für Militaria der napoleonischen Zeit bewerben sich gleich drei Museen in Paris, Warschau und Budapest. Aber von seinen Schätzen, einer „Weltgeschichte in Uniform" – unter anderem den Gewändern, die Kaiser Maximilian in Mexiko getragen hat, und einer kompletten Kollektion an Husarenuniformen – will er sich um nichts in der Welt trennen, auch nicht als ihn das Glück verlässt. Im September 1932 meldet der Philosoph des Kaffeehaustisches den Ausgleich an.

Das Bezirksgericht Wien Innere Stadt schreibt die Zwangsversteigerung des Hauses in der Gumpendorfer Straße 63 b aus, das Hollitzer im Jahre 1920 geerbt hat. Im ersten Stock befinden sich die Büros des staatlichen Punzierungsamtes, im obersten Stockwerk hat Hollitzer Wohnung und Atelier. Er habe das Haus immer wieder belehnen und seiner Tochter aus erster Ehe „aus der Patsche helfen" müssen, erzählt er der „Wiener Sonn- und Montags-Zeitung": „Da ging halt das Haus drauf." Zwei Jahre später lässt er dann doch Teile seiner großen Sammlung und Kunstwerke mit militärhistorischen Sujets im Dorotheum versteigern, wobei das Österreichische

Heeresmuseum (heute das Heeresgeschichtliche Museum) unter anderem Uniformen erwirbt.

Zu dieser Zeit war ihm seine Ehefrau schon abhanden gekommen: Gertrude Barrison kehrte in den 20er Jahren in ihre Geburtsstadt Kopenhagen zurück, wo sich ihre Spur verliert. Hollitzers Tochter Lilli Dillenz macht unterdessen mit Flugprojekten über den Atlantik und Luftgeschäften von sich reden. Sie will mit Hilfe von Sponsoren als erste Frau und erste Wienerin auf dem gar nicht mehr ungewöhnlichen Luftweg von Europa nach Amerika gelangen und in einer Junkers-Maschine D 1230 mitfliegen, bis sie plötzlich die Staatsanwaltschaft mit einer Anklage wegen „leichtsinniger Krida" verfolgt. Denn sie war, bevor sie Ozeanfliegerin wurde, Schauspielerin mit mäßigem Erfolg und davor Inhaberin eines Wäschesalons in der Inneren Stadt. Dort ist ihr das Malheur passiert, zugrunde zu gehen.

Im Drange ihrer Luftschiffgeschäfte hat sie dann wohl auf ihre Wäschehändlerinnen-Vergangenheit vergessen, vermuten die Wiener Zeitungen. Bei diesem Schiffbruch mit 100.000 Schilling Schulden steht ihr sozusagen finanziell das Wasser bis zum Hals, während sie, beim Flug über den Wassern schwebend, auf die vom Untersuchungsrichter angeordnete „Ausforschung" wegen eines Haftbefehls nach unzustellbarer Klage lächelnd vom Himmel herabblicken kann. „Und ist sie erst einmal glücklich über dem großen Wasser, dann ist sie erst recht aus dem Wasser", spöttelt „Das kleine Blatt" im Mai 1928, „und der Staatsanwalt selbst wird sich den Glückwünschen für die ‚kühne Ozeanfliegerin' anschließen."

Das Königsliebchen

· · · · · · · · · · · · · · · · · · ·

Ein Leben wie ein Drei-Groschen-Roman: Gaby Deslys ist die Schönste unter den internationalen Varieté-Sternen, die Pariserischste unter den Pariserinnen – und Wien zu ihrer Zeit eine Bühne der aufregenden Bagatellen und Narreteien. Sie verdreht den Reichen und einem König den Kopf, bis sich herausstellt: Ein Stubenmädel namens Hedwig Nawratil aus der tschechischen Provinz und biedersten Verhältnissen hat die ganz große Karriere gemacht. Oder war doch alles ganz anders?

In ihrem Schlafzimmer habe sie einen Alligator, den sie auf Reisen immer mit sich führe, lässt ihr Impresario verlauten. Mit so raffinierter Reklame ist vor allem für Tratsch und Klatsch beim Five O'Clock Tea gesorgt. Andererseits ruft Gaby Deslys (1884–1920), als sie erfährt, dass sich die Schauspielerin Blanche Dufrêne vom Théâtre Sarah Bernhardt erhängt hat, mit erschrockener Miene aus: „Oh, das ist ja furchtbar. Ich würde nie so weit gehen, nur damit die Leute von mir reden."

Bei der Französin verschwimmen oft die Grenzen zwischen Wahrheit und Legende. Als gesichert gilt, dass sie zunächst als Sängerin in Paris, dann in London in der Burlesque „The New Aladdin" im Gaiety Theatre auftritt, was ihr den Beinamen „The Charm of Paris" einbringt. Kein Reklame-Gag und trotzdem aufsehenerregend ist auch ihre Liaison mit König Manuel von Portugal, nur eine von zahlreichen Liebschaften. Sie hatte den 21-Jährigen nach einer Vorstellung im Théâtre des Capu-

Gaby Deslys: „The Charm of Paris", eine Erscheinung im Wiener Apollo-Theater

cines in Paris kennengelernt. Französische Blätter nennen sie prompt die ungekrönte Königin von Portugal.

An diesem Punkt ihres Lebens beginnt die Vergangenheit wichtiger zu werden als die Gegenwart. Denn so wie man Cleo de Merode die ganz großen Gagen bezahlt, weil König Leopold von Belgien ihr Liebhaber war, so steigt der Bekanntheitsgrad von Mademoiselle Deslys rapid, weil petit roi Manuel de Portugal ihre Diamanten bezahlt. Sie behauptet das Gegenteil: „Die Aufmerksamkeiten, die er mir erwiesen hat, sind nicht einmal geeignet, ein bürgerliches Budget aus dem Gleichgewicht zu bringen. Ich habe den König niemals als ein Objekt der Ausbeutung betrachtet."

Die Rolle des Königsliebchens schraubt jedenfalls ihre Gagenforderungen ins Unverschämte. Erfüllt werden sie dennoch. So kann sie feststellen: „In Berlin bekomme ich für drei Monate 93.000 Mark. Ich weiß nicht, ob meine Gage nicht die Revenuen des Königs weit übersteigt."

Im Jahr 1910 ist die Königsmätresse der Clou der Saison im Wiener Apollo-Theater, wo sie die für eine Brettl-Diva exorbitante Gage von 60.000 Kronen pro Monat kassiert und findet: „Es gibt nur einen Schutz für eine Frau, und das ist Geld." Da hat Manuel bereits das Rollenfach vom König zum Ex-König gewechselt. „In Portugal ist die Republik ausgebrochen. König Manuel ist gegenwärtig ohne Stelle und täte am besten, sich beim Wiener Apollotheater engagieren zu lassen und an der Seite der ihm so teuren Gaby Deslys zu wirken", schreiben die „Wiener Caricaturen". „Rührend ist, was über die Details der Flucht der Königsfamilie erzählt wird. Den allerhöchsten Herrschaften soll sogar die Gelegenheit gefehlt haben, die Wäsche zu wechseln. Und man weiß, dass ein König in Revolutionszeiten frische Wäsche braucht. Selbst in Unterhosen ein König, muss doch bekanntlich namentlich in Revolutionszeiten die Unterhose rasch gewechselt werden."

Aus der Verlegenheit hilft die republikanische Regierung, die dem König im Exil sein Gepäck nach London nachschicken lässt: 58 Koffer und Kisten. Ein Gesandter des Königs ist extra nach Lissabon gereist und erzählt einem englischen Journalisten: „Ich war erstaunt, wie bescheiden und klein die Garderobe des Königs ist. Sie bestand aus kaum zwölf einfachen Stoffanzügen, eine Bescheidenheit, die manchen reichen Dandy beschämen könnte, der viermal soviel Anzüge hat, als der junge König von Portugal besaß."

Im März und April 1912 ist die Deslys erneut im Wiener Apollo-Theater zu sehen – in der Titelrolle des Operetten-Sketchs „Mamselle Chic". Ihr Tanzpartner ist Harry Pilcer (1885–1961). Und ein gewisser Billie Wilder, der seinen Vornamen erst in der Emigration am Beginn seiner großen Hollywood-Karriere auf „Billy" ändern wird, macht sich ein paar Jahre später „Gedanken über einen Herzensbrecher": Pilcer, „der den Rekord in den europäischen Liebesaffären hält" und „dem nach dem Tod Valentinos konkurrenzlos alle Frauenherzen zufliegen", tänzelt auf der Bühne die Stufen hinab, „entkorkt den Pommery, dass der Stöpsel Piff!, in den Zuschauerraum hinausfliegt, und indes er Glas um Glas trinkt, echten, schäumenden Champagner, läuft denen im Parkett das Wasser im Mund zusammen. Harry spricht absolut nichts, von Zeit zu Zeit jodelt er nur so grell auf, dass er selbst vor dem Echo erschrickt. Dann steigt er zu den Leuten hinunter, in die Logen, lässt schmale Karminlippen aus seinem Glase nippen – hei, wie liebt man ihn da. Kindlich einfach. Doch ausreichend, einen Mann zu machen. Pilcer torkelt schon so zehn Jahre von Stufe zu Stufe, seit zehn Jahren trinkt er coram publico und zur besseren Verdauung eine volle Flasche Champagner, seit zehn Jahren lacht sich die Welt das Zwerchfell krank. Das nenn' ich Karriere."

Stars der Music-Halls: Gaby Deslys mit ihrem Tanzpartner Harry Pilcer

Die Deslys ist eine Erscheinung in allen Weltrevuen. Sie weiß die Welt, in der man sich nicht langweilt, in Atem zu erhalten. Sie will „nichts als die Männer durch Schönheit bezaubern", gesteht sie in einem Interview. „Es ist nur, wie ich sagen kann, so furchtbar teuer." Und sie macht Schluss mit dem Unfug, dass sich unbekleidete Frauen als lebende Plastiken präsentieren. Beim ersten Striptease vor Publikum am Broadway schält sie sich lasziv aus ihrer Wäsche. Nach dem Abenteuer mit König Manuel von Portugal, dem sie ins Exil nach England folgt und der in ihren Armen die verlorene Königskrone vergisst, will sie ein Mitglied des englischen Hochadels ehelichen. So wäre ihr das Geschick der Lady Hamilton beschieden gewesen. Sie zog es jedoch vor, am Tage vor der Hochzeit mit ihrem Tanzpartner durchzugehen. Ein anderes Mal wollte sie ein italienischer Herzog heiraten, doch auch diesmal entzog sie sich dem Lebensbund durch plötzliche Abreise nach Amerika.

In Wien entstehen am 15. Oktober 1910 Plattenaufnahmen von „Tout en rose" von Vincent Scotto, „Philomène" und „La Parisienne" für die Gramophone Company. Im folgenden Jahr

erobert Gaby Deslys New York: Sie spielt dort in zwei Aufführungen im Winter Garden Theatre mit. Anfang 1912 kehrt
sie mit Pilcer nach Paris zurück und tritt im März erneut in
Wien auf – unter anderem mit „The Gaby Glide", einem Song,
der in den USA im April 1912 aufgenommen wird. Und mit
Pilcer wirkt sie auch in den Filmen „The Triumph" (1915) und
„Infatuation" (1918) von Louis Mercanton mit.

Wie Josephine Baker den Black-Bottom aus Amerika mit-
bringt, importiert die Deslys den Jazz aus New York. Im Casino de Paris, wo beide 1917 in der Ausstattungsrevue „Lais-
sez-le-tomber!" tanzen, hört man zum ersten Mal in Frankreich
die Klänge einer Jazz-Band. Deslys, geschmückt mit Straußenfedern, Paradiesreihern und Diamanten, tanzt mit Pilcer
ein Bacchanal. Sie sind die Attraktion der Music-Halls, die
sich die Welt erobern wie der Sport und das Auto, wie der Bubikopf und die neuen Kostüme, die überhaupt nirgendwo anfangen und dann gleich wieder aufhören – aber vor allem dem
Fischbeinpanzer und dem Schlepprock den Garaus machen.

Deslys und Pilcer sind die Stars dieser Bühnenwelt, gefolgt von
Maurice Chevalier und Mistinguett. Und Jean Cocteau beschreibt
in seinem „Coq et l'Arlequin" die Jazzbegleitung der Deslys im
Casino de Paris als eine „Sintflut von Klang". Auf der Bühne voll-
führt sie fast immer den „Grand-ecart", den Spagat, auch die
große Grätsche genannt: ein Bein vorn und das andere hinten.

Anders verhält es sich bei ihrem Auftritt vor Gericht, zu dem
sich im Sommer 1917 die Londoner Gesellschaft in Scharen
drängt: Ein Maler hat die vereinbarten umgerechnet 500 Schilling Honorar für ein Bildnis eingeklagt, das die Tänzerin in
Lebensgröße zeigt und das im Foyer des Globe-Theatre ausgestellt werden sollte, wo die schöne Gaby gerade Triumphe feiert.
In der Verhandlung schwören die Deslys und ihr Agent bei allen
Göttinnen der Tanzkunst, dass ihr das Bild von Anfang an missfallen habe. Nur aus Höflichkeit habe sie sich in Gegenwart von

Besuchern mit ihrer Kritik gegenüber dem Maler zurückgehalten. Aber der Richter belohnt die Höflichkeit nicht und verurteilt die Tänzerin zur sofortigen Zahlung der geforderten Summe. Nach der Verhandlung tritt Gaby Deslys vor das Bild und zerschneidet es mit einem Taschenmesser von oben bis unten.

Eines Tages tauchen in Budapester und Wiener Blättern Gerüchte auf. Gaby Deslys habe es mit besonderem Raffinement verstanden, alle Welt zu narren. Sie heiße eigentlich Hedwig, sei gar keine waschechte Französin, sondern ein einfaches tschechisches Stubenmädel, später eine Hausgehilfin bei einer Familie in der Czerningasse in Wien, Leopoldstadt, und eine Probiermamsell in einem Modesalon gewesen. Ein Impresario habe sie im Prater gesehen und sie veranlasst, sich zur Tänzerin ausbilden zu lassen. Mehrmals, schon Mitte 1914, beschäftigt sie – „Hedy Nawratil, Künstlername ‚Gaby Deslys‘, Schauspielerin, zuletzt in Wien, 1. Bezirk, Kärntnerstraße 33, wohnhaft gewesen, Aufenthalt unbekannt" – das Bezirksgericht Innere Stadt. Immer handelt es sich um Schmuck und Juwelen, die die Bühnenschönheit für sich selbst gekauft, jedoch nicht oder nicht ganz bezahlt hat.

Groß ist auch das Staunen über die Weltkarriere und noch größer die Begehrlichkeit der armen Verwandtschaft, am Neureichtum des artistischen Glückskindes mitzunaschen. Ebenso stürmische wie unerwünschte Annäherungsversuche habe es in Wien im Hotel Astoria während des Gastspiels im Apollo-Theater gegeben, wo Gaby Deslys logierte. Die stießen allerdings auf wenig Gegenliebe. Bei der schönen Gaby hätten sie einen Weinkrampf ausgelöst. Sie habe eine Zeitlang ihre Familie mit Geld unterstützt, aber sich irgendwann verleugnen lassen. Zu einer unschönen Szene mit einem lästigen Abgesandten der Familie, bei der die Polizei eingreifen musste, sei es später noch in London gekommen.

Großes Aufsehen erregt schließlich ein Prozess in Frankreich um die auf 50 Millionen Francs geschätzte Riesenerbschaft – Juwelen, Kunstgegenstände, Häuser und Grundbesitz in Paris, Marseille und London – der 1920 in Paris an den Folgen einer Blinddarmoperation verstorbenen weltberühmten Tänzerin. Allein ihre prachtvolle siebenreihige Perlenkette, die sie bei ihren Tanzproduktionen trug, ein Geschenk des argentinischen Finanzmagnaten Unzue, wurde schon vor dem Krieg auf zwölf bis vierzehn Millionen Francs geschätzt.

Das Erbe vermacht sie testamentarisch ihrer „Geburtsstadt Marseille" zugunsten der Armen. Aber ihre angeblichen ungarischen Angehörigen, die Nawratils, erheben Ansprüche, behaupten, Gaby habe im Ersten Weltkrieg Interesse daran gehabt, in Frankreich nicht als ungarische Staatsbürgerin zu gelten, da sie in diesem Fall interniert worden wäre. Zeugen sollen die Identität der Frau und das Geheimnis um den Tanzstar anhand von Fotografien zu klären helfen.

18 Zeugen werden ausfindig gemacht, die Gaby Deslys gekannt haben wollen, ehe sie von einer Hausgehilfin zum Bühnenstar und zur Vollblutpariserin mutierte. Rechtsanwälte und Privatdetektive ermitteln in Ungarn, Frankreich und einer Reihe weiterer Staaten. Bis sich eines Tages plötzlich nach 16 Jahren eine Frau aus Biarritz meldet und erklärt, sie sei Hedwig Nawratil. Die Anfechtung des Testaments wird schließlich abgewiesen.

Harry Pilcer tanzt indes mit der Mistinguett die Melodie „Mon homme" und kreiert damit die erste „Schottisch Espagnole". Er spielt in mehreren Filmen mit und hat in den späten Zwanzigern eine Tanzschule in Paris. Nur zwei Monate nach dem Tod von Gaby Deslys tritt er mit einer neuen, ebenso schönen und ebenso nackten Partnerin auf. Nur dass die sich jetzt Derlys nennt. The show must go on.

Die Duse
der Tanzkunst

. . . .

Alle sind aus dem Häuschen, als das Apollo-Theater mit Olga Desmond 1909 allabendlich vollkommen ausverkauft ist. Ganz Wien will die Tänzerin aus Berlin Kreuzberg sehen. Dass die weltberühmte Isadora Duncan barfuß auftrat, galt schon als anstößig und skandalös. Dass die Desmond nackt tanzt, umso mehr. Sie träumt von der „reinen Grazie und Schönheit", ist dabei enorm geschäftstüchtig und zählt für ein gutes Jahrzehnt zu den bekanntesten und reichsten Tanzkünstlerinnen Deutschlands. Am Ende stirbt sie einsam, verarmt und vergessen in Ost-Berlin. Die letzten zwanzig Jahre schlägt sie sich als Putzfrau durch.

Eine Nackttänzerin macht viel Publikum. Und Olga Desmond (1890–1964) will tanzen. Textilfrei. Die Sittenwächter sind empört: wie ungehörig, wie schamlos! Man hört sie gleichsam ihre Entrüstung herausschreien – die Hüter von Moral, Anstand und Züchtigkeit geißeln den neuen Trend. Aufhalten können sie ihn nicht.

„Wenn ich völlig nackt auf die Bühne hinausgehe, bin ich nicht beschämt, bin ich nicht peinlich berührt, denn ich trete vor die Öffentlichkeit, wie ich bin, all das liebend, was schön und graziös." Die Kritik schreibt nach ihrem ersten „Schönheitsabend", bei dem sie – nur mit einem Diadem und einem Metallgürtel bekleidet – ihren „Schwertertanz" vorführt, der zum Markenzeichen wird, mit ihrer unendlichen Grazie vollende sie nur, was die Tanzrevolutionärinnen vor ihr, die Duncan, Ruth St. Denis und Miss Maud Allan, noch nicht gewagt hätten.

„Sie tritt auf in einem himmelblauen, seidenen Mantel", beschreibt die „Frankfurter Zeitung" das Ereignis. „Die Musik spielt einen morgenländisch anmutenden Reigen. Plötzlich richtet sich die Desmond auf, lässt mit einem Ruck den Mantel fallen und steht auf der hellen Bühne wie die schaumgeborene Göttin. Und beginnt zwischen den blanken Schwertern zu tanzen. Badet ihre blütenweiße Schönheit in Licht und Musik. In holder Selbstverständlichkeit."

In Ostpreußen als Olga Antonie Sellin geboren, steht die Tochter eines Buchdruckers zunächst Künstlern wie Lovis Corinth Modell, schließt sich bald der Artistengruppe The Seldoms an, die 1906/1907 für acht Monate im Londoner Pavilion engagiert wird. „Lebender Mamor", die Kunst der Tableaux vivants, das Nachstellen berühmter antiker und zeitgenössischer Skulpturen, ist eine beliebte Unterhaltung. Die Desmond ist „Mänade" und „Galathee", wird vor allem bekannt als „Venus von London". Unbekleidet, nur mit Puder oder Farbe auf dem Körper.

Eine neue Bewegung sieht den „Tanz als Schönheitssprache der Menschheit". Die Amerikanerin Loïe Fuller verwandelt sich – etwa in ihrem legendären „Danse Serpentine" – in ein Bühnenfabelwesen, mit Hilfe modernster Beleuchtungstechnik, geschickt in wallende Formen gebrachter Stoff-Fülle und durch unsichtbar im Kostüm angebrachte Stäbe, die ihre Arme verlängern. Ästhetisch innovativ auch die Desmond, die aus den „lebenden Bildern" heraustritt und zu Stücken von Chopin, Strauß und Offenbach eine neue Tanzkunst aus Pantomime und klassischen Posen entwickelt, dabei auf das hautfarbene Trikot verzichtet und ihren Körper durch Spezialschminke makellos aussehen lässt.

„Ich kann von mir sagen", betont sie im Interview, „dass ich kein System befolge und auch nicht im Banne irgend einer bestimmten Tanzschule, irgend einer besonderen Richtung der Tanzkunst stehe." Als Star im Berliner Wintergarten-Varieté erhält sie Traumgagen: 6.000 Reichsmark monatlich – das entspricht ungefähr sechs Arbeiter-Jahresgehältern. Sie provoziert mit ihrem Nackttanz einen Skandal und steht deshalb im Jänner 1909 im Mittelpunkt von Auseinandersetzungen im Preußischen Landtag. Ihre „Schönheitsabende" ohne Kostüm werden verboten. Sogar die „New York Times" berichtet. Die Desmond tritt im Varieté fortan, angepasst an die Zensur, in sogenannten „Nacktkostümen", eingehüllt in Gaze, auf und wird international gefeiert. Eine eigene Kosmetiklinie entsteht und eine „Schule für Körperkultur, Tanz und Gymnastik". Doch künstlerisch findet sie zwischen Ballett, Theater, Zirkus und Varieté kein rechtes Zuhause.

Im Wiener Konzerthaus gastiert sie mehrmals vor und während des Ersten Weltkrieges mit „Tanzschöpfungen nach Chopin". Sie arbeitet auch für den Film, produziert 1915 zwei Stummfilme, in denen sie auch die Hauptrolle übernimmt. Bis 1919 entstehen

Sorgte auch in Wien für Aufregung: Olga Desmond, Berlins erste Nackttänzerin

15 Filme wie „Nocturne" und „Göttin, Dirne und Weib", die heute verschollen sind. Im Krimidrama „Der Mut zur Sünde" (1918) ist der damals noch unbekannte Hans Albers ihr Filmpartner. In Hans Neumanns Wagner-Verfilmung „Der fliegende Holländer" (1918/19) spielt sie die Hauptrolle der Senta, Tochter des norwegischen Seefahrers Daland.

Im Feuilleton berichtet das „Wiener Montagblatt" Anfang 1916 von ihrem Solo-Gastspiel im Apollo-Theater:

Sonntag abends auf der Galerie. Das Orchester leitet das Auftreten der weltberühmten Tänzerin Olga Desmond mit zarten, süßen Klängen ein, die aus einer anderen Welt zu kommen scheinen. Langsam hebt sich der Vorhang. Auf der Bühne, die in grünes und violettes Licht getaucht ist, steht die Künstlerin, in Schleier gehüllt, eine Weile regungslos, als ob sie dem Beschauer Zeit lassen wollte, ihren Anblick zu genießen. Es herrscht tiefes Schweigen, da beginnt Olga Desmond ihren Tanz mit sachten, weichen Bewegungen, worauf sie in eine Art Sprungtanz übergeht. Gebannt folgt das Publikum dem rhythmischen Spiel ihrer Glieder.

„Ja, da schau i ja!", lässt sich plötzlich eine Männerstimme vernehmen. Mehrstimmiges Gelächter folgt diesem Ausruf und lohnt den Sprecher. Angefeuert durch diesen Erfolg, bemerkt er weiter: „Du, schau, die hat kane Schuh und Strümpf; aber Hühneraugen hat sie, o je! Hast du a Hühneraugen?" Darauf folgt halbblaues Männerlachen. Er fährt fort: „Du, Miezl, wie sich die ausdraht; kannst du das a?" Unterdrücktes Gekicher.

„Pst, Pst!", ertönt es von mehreren Seiten. Eine Weile ist es ruhig, das heißt nur unterdrücktes Lachen zu vernehmen. Olga Desmond ist mit ihrem Tanz zu Ende. Der Vorhang fällt. Rauschender Applaus.

Nach kurzer Pause … inmitten einer in zaubriges Dämmer getauchten Landschaft, umschmeichelt von Chopins Zauberklängen, liegt die Tänzerin, in die grauen Schleier der Nacht gehüllt – dann erhebt sie sich langsam. Gebannt folgen ihr alle Blicke, da lässt sich

die Männerstimme wieder hören: „Jessas, is dö faul! Wie sie sich streckt! Du hörst, Miezl, machst du's a so, wann du aufstehst?"
Nun ist es aber mit der Geduld der Umsitzenden zu Ende. Laute Ruherufe bringen den Spaßmacher zum Schweigen. Es dauert einige Minuten, bis man wieder im Banne Chopins und der Desmond ist. Noch eine kleine Weile dauert der Kunstgenuss, dann fällt der Vorhang.
Ein Beifallsrauschen geht durch das Haus. Die Lichter flammen auf. Die Künstlerin erscheint vor dem Vorhang und verneigt sich dankend immer wieder, der Applaus will kein Ende nehmen. Endlich ist wieder Ruhe eingetreten. Von allen Seiten wird der Ruhestörer mit feindseligen Blicken betrachtet. Manche geben ihrer gerechten Entrüstung sogar in Worten Ausdruck, die an Deutlichkeit nichts zu wünschen übrig lassen. Er aber lächelt seiner Nachbarin zu, fasst zärtlich ihre etwas abgearbeitete Hand und blickt ihr tief in die Augen – seiner Miezl.

Die Darstellung nackter Körper wird tabuisiert und zum Teil aus der Öffentlichkeit verbannt. Die Wiener Atelierfotografin Trude Fleischmann nimmt wie viele ihrer Berufskolleginnen in den 1920er Jahren oft Aktfotos von bekannten Künstlerinnen auf, die namentlich genannt werden und aktiv an den freizügigen Inszenierungen mitwirken: Die deutsche Tänzerin Claire Bauroff lässt ihren eingeölten und völlig entblößten Körper in wechselnden Posen vor schwarzem Hintergrund ablichten. Als Bauroff 1925 in einem Nackttanz im Berliner Varietétheater Admiralspalast auftritt, werden in den Werbevitrinen Fleischmanns Fotos affichiert. Augenblicklich schreitet die Polizei ein und konfisziert sie, weil die Scham nicht abgedeckt gewesen sei.

Die Technik des Auskleidens kritisiert Alfred Polgar: „Sie entbehrt der Steigerungen, und der schwüle Höhepunkt ist keiner. Weil die Geheimnisse, die auf ihm enthüllt werden, schon vorher zu reichlich preisgegeben wurden. Wirtschaft! Die Damen müssten bis zum dramatischen Augenblick mit ihrer Anatomie besser sparen, damit sie dann noch eine entscheidende Geste letzter, großer Freigebigkeit übrig haben. Denn das ist lächerlich, wenn sie – indes der Text den Atem anhält, die Beleuchtung überaus schummrig wird und die Geigen vor Sinnlichkeit nur noch im Flageolett leise wimmern – ein Bändchen aus dem Haar nehmen oder ihr Taschentuch ausziehen."

Im Dezember 1924 gastiert die Desmond im Kabarett Hölle im Theater an der Wien. Da beginnt ihr Stern bereits zu sinken. Sie ist kaum mehr gefragt. Der von Reformerinnen wie Vera Skoronel, Gret Palucca und Mary Wigman kreierte Ausdruckstanz ist ihre Sache nicht. Sie hat ihm nur den Boden bereitet wie die Fuller und die Duncan, die barfuß und mit fließenden Gewändern den neuen Stil eingeführt haben, und wird von Jüngeren wie Anita Berber und der Grotesk-Tänzerin und „Pornochoreographin" Valeska Gert abgelöst. Während die humoristische Wochenzeitschrift „Die Muskete" in einer Karikatur witzelt: „Wozu brauch' ich als Nackttänzerin Talent? Die Hauptsache ist, ich bin aus guter Familie" oder scherzhaft fragt: „Was ist ein Paradox? Wenn sich jemand von einer Nackttänzerin angezogen fühlt."

Im März 1931 meldet das „Neue Wiener Tagblatt", der 59-jährige Kaufmann Georg Piek – seit 1922 der Ehemann Desmonds – habe in seiner Wohnung in der Berliner Linnestraße Selbstmord verübt. „Das Motiv der Verzweiflungstat ist in den traurigen wirtschaftlichen Verhältnissen zu suchen, in denen sich das Ehepaar seit einiger Zeit befindet." Die Desmond führt in Berlin den Laden ihres Mannes für Bühnenrequisiten in der Nähe eines Theaters weiter. Nach Kriegsende geht es ums nackte Überleben, die Desmond arbeitet als Putzfrau in Ost-Berlin. Nebenbei verkauft sie Postkarten und An-

Nackttänzerin Olga Desmond: „Schwertertanz", 1908

denken aus ihrer Glanzzeit. Am Ende ist die einst weltberühmte Tänzerin verarmt und vergessen. Geistig verwirrt
stirbt sie 1964 in einer kleinen Kellerwohnung.

„Sie war eine mutige Frau. Konventionen haben sie nicht
interessiert", sagt der Biograf Jörn E. Runge über „Preußens
nackte Venus". „Kunst war die einzige Gottheit, für die sie
lebte."

Die mit
den Füßen singt

. . . .

Betörend lächeln können sie beide. Als Operettensängerin bedeutet Annie Dirkens für ihre Generation etwa dasselbe, was Fritzi Massary später für ihre Zeit ist: die Königin der leichten Muse. Die eine singt als kleine Liebesvirtuosin, die mit Männerherzen hasardiert, „Wie man Männer fesselt". Die andere fragt kokett: „Warum soll eine Frau kein Verhältnis haben?" und versteht es wie keine andere Soubrette, noch aus dem nichtigsten Lied „ein flimmerndes Wunder an Schönheit, Anmut und Heiterkeit zu machen", so der Theaterkritiker Siegfried Jacobsohn.

Sie wirkt immer ein bisschen lasziv und ist – wie Mizzi Günther oder Louise Kartousch und andere Operettensterne – märchenhaft berühmt: Annie Dirkens (1869–1942) tritt erstmals 1896 am Theater an der Wien auf, drei Jahre später am Theater in der Josefstadt und zwischendurch auch am Carltheater, als Adele in der „Fledermaus" und als Briefchristl im „Vogelhändler". Die Tochter eines biederen Bahnbeamten englischer Herkunft kommt ursprünglich aus Berlin und Dresden. Ihr Vater sagt Stirn runzelnd: „Theater? Das ist doch etwas, wohin man einmal im Monat geht und worüber man zehnmal im Monat spricht."

In Berlin fordert sie eine resolute Theaterdirektorin mit prüfendem Blick auf: „Röcke hoch!" Ihr verschlägt's die Sprache, sie errötet, als man ihre Beine mustert und kommentiert:

„Sie sind in Ordnung. Die Beine sind ebenso wichtig wie das Gesicht." Ohne ihre Beine wäre ihr wahrscheinlich der Sprung ins Theater nicht gelungen, sagt sie später: „Beine waren schon damals sehr begehrt. Nur ein kleiner Unterschied zwischen dem Gestern und dem Heute besteht: Die Herren waren zu meiner Zeit noch neugieriger …"

„Als ich jung war, da nahm ich das Leben so, wie mich das Leben nahm. Ich ging mit geschlossenen Augen durchs Dunkle und Helle. Licht blendete, Finsternis drückte mich nicht. Und ich habe mich dem Leben hingegeben mit der gleichen Intensität wie der Kunst, wie der Liebe. Entweder man kann sich verschenken, oder man ist überhaupt nichts wert."

Für „Wie man Männer fesselt" 1899 entwirft sie ihre Textilien selbst, etwa ein Badekostüm mit schwarzen Spitzen, aus denen es zwischen den Rosenknospen, die die Herzgrube flankieren, in zartem Rot hervorschimmert: „Leute mit schlechten Augen glaubten, ich trete nackt auf. Leute mit guten Augen waren nur neugierig." Die Generalprobe findet unter Polizeibeobachtung statt. Plötzlich erscheint die Sittenkommission im Theater und prüft gründlich ihre Dekolletage. Zum Schluss geht alles glatt, die Taille ist tatsächlich in Stoff eingehüllt. Die dem Fleischton ähnliche Farbe des Kostüms ist ihre Kreation: „Wenn man Männer wirklich fesseln will, muss man auch wissen, was man bei seiner Schneiderin bestellt."

Als sie einmal mit einem besonders weiten Rückenausschnitt auftritt, oder wie sich die Bankleute ausdrücken, mit zu großem, unbedecktem Defizit, schreibt der Journalist und Librettist Julius Bauer: „Sie wirkt wie die Bahn, rückwärts noch nicht fertig."

Adele Sandrock, Carl Michael Ziehrer und Johann Strauß sind ihre Freunde. Der Walzerkönig lädt die Dirkens in seine Wohnung ein. Es gibt Schweinsschnitzel mit Salat und Kompott. „Wenn sich Johann Strauß über die Nähe eines Men-

Annie Dirkens, mit Johann Strauß befreundet, wusste, „Wie man Männer fesselt"

schen freute, dann war es federleicht, ihn zum Klavier zu lotsen, und schon streute er seine Musik wie ein wirklicher Verschwender seine Münzen aus. Und wenn er gar auf dem

Flügel ins Phantasieren kam, da spürte ein sensibler Mensch den Griff von etwas Unsichtbarem. Die Plafonddecke schien sich zu heben, ein Stück Himmel kam näher, eine Wolke hüllte einen dunklen Kopf ein."

Die Ungarin Ilka von Palmay sieht in ihr eine Rivalin. Aber dass sie den großen Schweiger Johannes Brahms zum Musizieren bewegen kann, beschert Dirkens eine der glücklichsten Stunden: „Ich tanzte einmal in ausgelassener Laune, da rief mir Brahms das galante Wort zu: ‚Sie singen mit den Füßen!'"

Alexander Girardi ist für sie „ein von Melancholien umdüsterter Mann", seine Frau Helene Odilon nennt sie „eine erotische Leichtgewichtsathletin", die an der „Krankheit des Mittelpunktbedürfnisses" leidet: „Sie wollte, wenn sie in Gesellschaft war, die Alleinumworbene sein. Ja, die Lene hat die Männer wirklich verrückt gemacht."

Einen Verehrer, einen Grafen von dürftiger Erscheinung, serviert die Dirkens mit der Bemerkung ab: „Solche Forellen wie Sie wirft man ins Wasser zurück." Da ist der baumlange, goldblonde, blauäugige Kavalier, der sich ihr als Baron Hammerstein-Equord vorstellt, schon ein anderes Kaliber. Seine Statur, seine Art, seine Noblesse der Schüchternheit, das ist ihr Fall. Sie unterhalten sich einen ganzen Abend lang und gehen dann auseinander wie „eine höhere Tochter und ihr Seekadett", erzählt sie.

Während des Weltkrieges pflegt die „Oberschwester Annie" in Polen als der gute Engel verwundete Soldaten in Feldlazaretten, kocht für sie. Und als ihr Mann, der Baron, als Major in der Schlacht bei Gorlice fällt, erbt sie ein beträchtliches Vermögen, darunter Schloss Oberranna bei Spitz an der Donau in der Wachau. Bei einem Unfall schwer verletzt, kehrt sie als 60-prozentige Kriegsinvalidin in die Heimat zurück und erhält als Trafikantin einen Kiosk an der Ringstraße zwischen Burgtheater und Volksgarten zugewiesen.

Die Witwe lebt später mit dem Hauptmann Alfred Redlich, der sich gern „Major Redl" nennen lässt, „in bestem Einvernehmen", wie die „Tagespost" meldet, bis es „bloß aus finanziellen Gründen" zu Zwistigkeiten kommt. Die sind allerdings „nicht sehr zahmer Natur". Annie Dirkens erklärt bei Gericht, Redlich habe Muskeln wie ein Herkules, und bei ihm „kämen die Watschen aus der Schulter heraus". Im November 1926 gibt es wieder so eine zärtliche Auseinandersetzung. Während er behauptet, sie sei ihm an die Gurgel gesprungen, und er habe nur Abwehrbewegungen gemacht, erklärt sie, von ihm nach allen Regeln der Kunst verdroschen worden zu sein. Eine Heirat sei zwar geplant gewesen, sie habe aber durch ihn ihr ganzes Geld verloren, das er mit seiner Geliebten ausgegeben habe. Wäre sie auf ihn losgegangen, wäre sie heute wohl nicht mehr am Leben.

Erneut in die Schlagzeilen gerät die ehemalige Künstlerin durch die traurige Groteske der Zwangsversteigerung ihres Schlosses, das einmal eine Raubritterburg war, ein Schlupfwinkel kühner Ritter des Mittelalters. Mit dem Erlös der Auktion soll die Baronin 60.000 Schilling Schulden tilgen. „Wir kauften das Schloss im Jahr 1900 vom Stift Göttweig, das es direkt aus kaiserlichem Gut erworben hatte", schreibt Annie Dirkens in ihren Erinnerungen. Die Anschaffung erfolgte offenbar ohne Wissen der kaiserlichen Familie. Denn eines Tages erscheint Erzherzog Franz Ferdinand mit zwei Herren im Schloss, will ahnungslos mehrere Einrichtungsgegenstände nach Konopischt mitnehmen und ist sehr erstaunt, als er erfährt, dass der Besitz nun den Hammersteins gehört.

„Weltfremdheit, Unerfahrenheit in kaufmännischen Dingen haben sie an den Rand des Nichts gebracht, haben sie gezwungen, ihr Letztes herzugeben, bis auch das Schloss, ihr Stolz, dem Zugriff des Gläubigers überantwortet werden musste", berichtet die „Wiener Sonn- und Montags-Zeitung"

Annie Dirkens – gefeierte Operettendiva und Königin der Feste

im Oktober 1931 unter dem Titel „Die Tragödie der Annie Dirkens". An dem Punkt dürfte die Dirkens erkannt haben: Das Leben bietet einem so wenig, und doch muss man sich viel vom Leben bieten lassen.

Käufer und neuer Schlossherr ist eine dubiose und zugleich schillernde Figur: Laurent Deleglise (1891–1961) – angeblich ein Profiteur der Prohibition und der Kopf eines weltweit aktiven Drogenschmugglerringes – soll 1919 den Betriebsleiter der „Cunard Line" bestochen haben, um Drogen sicher über den Atlantik zu transportieren. Als das Vertriebsnetz in Kanada und in den USA aufgedeckt wird, muss er das Land verlassen und ersteigert die Burg Oberranna um den Ausrufungspreis von 40.000 Schilling, der dem halben Schätzwert entspricht. Auch das Interieur, darunter viel Nippes, Konsolen aus Meißner, Berliner, Alt-Wiener und Nymphenburger Porzellan und ein Tisch mit Einlegearbeiten aus der Zeit Maria Theresias kommen unter den Hammer, bringen aber nicht viel ein. Da hilft auch das Weinen der Annie Dirkens um ihr letztes Hab und Gut nichts. Eine mit Kupferstichen illustrierte Bibel aus dem Jahr 1733 geht um 31 Schilling an einen Sammler aus dem Waldviertel. Das Bett der Marie Geistinger (1833–1903), der „Königin der Operette", findet keinen Abnehmer.

Deleglise löst den bereits im Dorotheum zum Verkauf angebotenen Altar der Burgkapelle wieder aus und beginnt mit umfangreichen Renovierungsarbeiten, bei denen die frühromanische Krypta entdeckt wird. Einzigartig ist die naive Darstellung der Trompeten von Jericho und anderer biblischer Geschichten auf einem der Kapitelle.

Im Zweiten Weltkrieg wollen die Nationalsozialisten das Schloss, verhaften und foltern Deleglise. Weil es einen unterschriebenen Kaufvertrag, aber keine Bezahlung gibt, ist Deleglise nach dem Krieg wieder Eigentümer der Burg. Er stellt seine Sammlung von Kultur-Objekten der Pueblo-Indianer in Arizona und Neu-Mexiko sowie einiger Prärie-Indianerstämme wie Navaho und Apachen als Leihgabe für eine Sonderausstellung im Wiener Museum für Völkerkunde – heute Weltmuseum – zur Verfügung.

1961 wird Deleglise tot am Jauerling gefunden und auf dem Friedhof von Niederanna bestattet. Sein letzter Wunsch ist, mit Blick auf die Burg begraben zu werden. Seine Witwe lebt 20 Jahre lang allein und zurückgezogen auf der Trutzburg und verweigert Fremden den Zutritt. Erst 1981 übernimmt eine Familie aus Baden die Immobilie: Beim Architekten Roland Nemetz ist es Liebe auf den ersten Blick. Er gestaltet die historischen Gemäuer in mühevoller Kleinarbeit zu einem gemütlichen, mit Antiquitäten, Jagdtrophäen und alten Gemälden ausgestatteten Schlosshotel um.

Irgendwann in den frühen 1930er Jahren tauschen im Altersheim „Sorgenfrei" in Baden zwei weißhaarige Frauen Erinnerungen aus. Die matt und müde gewordenen Äuglein der Alten glänzen: „Ja, damals! Da hab' ich an einem Tag mehr an Trinkgeldern verschenkt, als ich jetzt im Monat zum Leben hab'", sagt die eine – Helene Odilon – und denkt an ihre großen Erfolge in herrlichen Flitterroben im Deutschen Volkstheater, als Goldene Eva oder als die berühmte Blonde Bestie, die ihr keine andere nachgespielt hat. Nach einem Schlaganfall muss sie mit nur 39 Jahren die Bühne für immer verlassen. Aber sie erinnert sich noch an ihr Wiener Palais, an ihr Landhaus in Vorder-Hainbach, und wie sie sich in einem eleganten Viergespann durch die Prater Hauptallee kutschieren ließ … vor der Rutschbahn ins Unglück durch Krankheit, Zusammenbruch und Not.

Die andere beim Plausch in Baden ist Annie Dirkens, die einst gefeierte Operettendiva und Königin der Feste. Der Schah von Persien hatte sie gemeinsam mit der Wiener Operetten-Soubrette Gerda Walde, bekannt durch „O komm mit mir, ich tanz mit dir ins Himmelreich hinein", nach Karlsbad eingeladen und jeder von ihnen einen Brillantring geschenkt. In Amerika hatte sie für ihr Gastspiel ein Wochenhonorar von 5.000 Dollar erhalten. Als sie vergessen und verarmt ist, bewilligt ihr die Gemeinde Wien im Oktober 1931 eine Ehrenpension in Höhe von 75 Schilling. Die letzten Lebensjahre verbringt sie in einer bescheidenen Wohnung in der Gumpendorfer Straße. Manchmal kommt ihr dabei vielleicht die eine oder andere Strophe eines alten Liedes in den Sinn:

Das Glück ist eine leichte Dirne,
Die bleibt nicht lang an einem Ort.
Sie streicht das Haar dir aus der Stirne
Und küsst dich leis' und flattert fort.

Frau Unglück hat im Gegenteile
Dich liebefest ans Herz gedrückt.
Sie sagt, es habe keine Eile,
Und setzt sich an dein Bett und strickt …

Schön und stumm

. . . .

Sie ist der laszive Leinwandvamp in den 1920er Jahren vor der Ära der blonden Stars, der kühlen Erotik einer Marlene Dietrich oder der Jungmädchenfrische von Lilian Harvey. Lya de Putti dreht, von Ehrgeiz zerfressen, bis zur Selbstaufgabe. Ihr Name ist populärer als ihre mehr als 30 Filme, ihre Lust an selbst produzierten Skandälchen groß. Aber der erotische Wirbelwind entspricht dem Typ seiner Zeit, ist Tagesgespräch durch zahlreiche Liebschaften und Eskapaden, durch Alkoholexzesse und Verschwendungssucht.

„Sehe ich endlich aus wie Lya de Putti?", fragt Liza Minelli als Sally Bowles mit kurz geschnittenem Bubikopf ihren Freund in Bob Fosses Film „Cabaret". Nur: Wer zum Teufel ist Lya de Putti?

In den goldenen 20er Jahren ist ihr skandalumwittertes Leben Futter für die Klatschmäuler in Berlin. Als laszive Kindfrau macht sie Furore und polarisiert. Die Leser der „Neuen Illustrierten Filmwoche" wählen den Stummfilmstar 1924 zur beliebtesten Schauspielerin – weit vor Henny Porten, Lil Dagover und Asta Nielsen. Während Erich Kästner in der „Neuen Leipziger Zeitung" über sie spottet und ihr Béla Balázs Talentlosigkeit attestiert.

Im „Wiener Tag" ätzt der ungarische Kritiker über ein längst vergessenes Zelluloid-Produkt: „Der Film ist zum Einschlafen gut. Letztere hypnotische Wirkung ist besonders auf Lya de Putti zurückzuführen, die immer so spielt, als wäre sie direkt aus dem Bett, im Halbschlaf noch ins Atelier geschleppt worden. Kein Gefühl, keine Erregung kommt ganz an die Oberfläche dieser schlaffen, faulen Epidermis. Wie ist diese unbegabte Frau ein Filmstar geworden?"

Amalia Putti (1897–1931), die Tochter eines Rittmeisters aus der ungarischen Provinzstadt Vecse, wird zunächst Tänzerin. Künstlerin nennen sie nur beschwipste Lokalbesucher nach Mitternacht. Groß ist indes das Talent der Putti zur Selbstinszenierung. Sie kreiert eine Kunstfigur durch eine unentwirrbare Mischung aus Legende und Wirklichkeit, fälscht ihre Biografie, behauptet, die Tochter eines italienischen Grafen zu sein. Verschweigt, dass sie mit 16 Jahren den Distriktrichter Szoltan de Szepessy heiratet, vier Jahre später ihren Mann und ihre zwei Töchter Hals über Kopf zurücklässt, um ihren Traum einer Schauspielkarriere zu verwirklichen.

Als wär's ein Trivialroman, inszeniert der verlassene Ehemann ein Scheinbegräbnis, um den gesellschaftlichen Fauxpas zu vertuschen. Sechs schwarze Pferde sollen den leeren Sarg gezogen haben. Ein Meer aus Blumen schmückt das Familiengrab. Dorthin bringen jahrelang jeden Sonntag die Töchter Ilona und Judith ihrer angeblich toten Mutter Blumen. Bis sie irgendwann erfahren: Ihre Mutter lebt nicht nur, sie ist obendrein ein großer Filmstar in Hollywood.

Nach einem ersten (heute verschollenen) Film in Ungarn kommt sie nach Rumänien und 1921 mit Hilfe eines norwegischen Diplomaten und Verehrers, Louis Janke, den sie später heiratet, über Oslo nach Berlin. Hier werden sie und ihr orientalisches Gesicht von Joe May für „Das indische Grabmal" (1921) entdeckt. Bald wird sie ein Star, bald nennt man die exzentrische Lya de Putti den „Vamp von Berlin". Aber die langweilt sich. Das Leben langweilt sie. Oder ist es der Erfolg? Sie beginnt zu trinken, springt wegen Liebeskummer einmal kurz entschlossen aus dem Fenster im ersten Stock. Aber das Leben lässt sie nicht los.

Ehe sie in den Lichtkegel trat, fragte man damals bei einer Frau ausschließlich: Hat sie schöne Beine? Aber dann kam

Lya de Putti prägte mit ihrer Pagenfrisur den neuen Frauentyp der 20er Jahre

plötzlich die brennende Frage: Hat sie Sexappeal? Über die Schönheit der ein bisschen pummeligen de Putti wird viel geschrieben und noch mehr gesprochen. Sie sieht aus wie ein Püppchen und hat ein Gesicht wie eine Madonna, sagt eine Schauspieler-Kollegin. Die einen finden sie exotisch, nennen sie „die schöne Zigeunerin", für andere ist sie der Typ der berückenden Sirene, und für wieder andere eine gefährliche Verführerin. Vielleicht haben alle ein bisschen recht.

Auf nächtlichen Ausflügen in die Berliner Bars lernt sie Anita Berber kennen, ist „fasziniert von der fragilen, aber energiegeladenen Person, ihr etwas ähnlich sogar in der fatalen Kombination von Verletzlichkeit und Lebenslust", schreibt der Berliner Arzt Johannes Zeilinger in der Biografie „Lya de Putti. Ein vergessenes Leben".

In Wien stehen beide Frauen 1922 vor der Kamera. Reinhold Schünzel dreht „Die drei Marien und der Herr von Marana", eine Variante des Don-Juan-Themas. Imagegerecht stellt die Berber das dämonische, machtgierige Weib dar, Lya de Putti das junge, leidenschaftlich liebende und hassende Mädchen aus dem Volk. Sie hat das Image der dunkel gelockten, leichtlebigen Diva. Immerhin dreht die de Putti mit Friedrich Wilhelm Murnau („Der brennende Acker" und „Phantom") und Karl Grune („Komödianten" und „Eifersucht"), außerdem mit D.W. Griffith dessen Spätwerk „Satans Sorgen" (1926) mit Ricardo Cortez und Adolphe Menjou.

Affären sind das Salz ihres Lebens. Aus der großen Sammlung ihrer Männer ragt ein Tennis-Ass aus Wien heraus: Graf Ludwig Salm-Hoogstraeten (1885–1944) zählt vor dem Ersten Weltkrieg zu den besten und bekanntesten Tennisspielern der Welt. Eine englische Zeitung persifliert sein besonders ungezwungenes Benehmen auf internationalen Turnierplätzen unter dem Titel „Eine Woche lang Graf Salm".

Montag: Graf Salm erscheint das erste Mal auf dem Platz, bewaff-
net mit 33 Rackets. Er pfeift die österreichische Nationalhymne mit
Variationen von ihm selbst und geht daran, seinen Gegner mit ei-
nem Verbrauch von nur fünf Rackets zu schlagen.
Dienstag: Graf Salm verfehlt einen Schmetterball und erfindet ein
neues Wort. Er telegrafiert um andere Rackets.
Mittwoch: Graf Salm ist in einen verzweifelten Kampf verwickelt.
Er trifft bei einem Schmetterball das Netz und rezitiert (auf
Deutsch) die Fluchformel des großen Kirchenbannes. Er telegrafiert
um andere Rackets.
Donnerstag: Graf Salm hat einen anderen schrecklichen Kampf zu
bestehen, der durch einen denkwürdigen Zwischenfall unterbrochen
wird. Graf Salm ersucht einen Zuschauer, er möge ihn mittels eines
Siphons mit Sodawasser anspritzen. Der nervöse Zuschauer er-
wischt infolge eines Missverständnisses Limonade. Graf Salm tele-
grafiert um andere Rackets und um einen Kranz.
Freitag: Graf Salm, der soeben ein Doppelspiel erfolgreich beendet
hat, wirft in jovialer Weise seinen Partner in die Luft, um den Sieg
zu feiern, und telegrafiert um andere Rackets.
Samstag: Wahnsinnige Sensation unter den 6.000 Zuschauern –
Graf Salm hat einen leichten Schmetterball ausgelassen, der ihm das
Spiel eingebracht hätte — und sagt kein Wort! Graf Salm telegra-
fiert an eine bekannte Fabrik, sie solle ihm ihr ganzes Lager an
Rackets nach Wimbledon schicken.

Graf Ludo Salm ist der Ehemann einer der reichsten Erbinnen
Amerikas: Mary Millicent Abigail Rogers (1902–1953), Enke-
lin des Dollar-Milliardärs und Gründers der Standard Oil
Company Henry Huttleston Rogers, Schmucksammlerin und
Mode-Ikone, hat einen Hang zu aufgebauschten Ärmeln. Von
der Eleganz der Rogers lässt sich später Karl Lagerfeld inspirieren. Salm heiratet sie im Jänner 1924 rasch, heimlich und
ohne Einverständnis der Eltern der Braut. Neun Monate spä-

ter wird Sohn Peter geboren. Zwei Jahre später kehren die beiden von einer gemeinsamen Paris-Reise, bei der es ein Wiedersehen mit Lya de Putti gibt, getrennt nach New York zurück. Er klagt auf Scheidung wegen böswilligen Verlassens. Sie erklärt, in Salm nicht den passenden Gatten gefunden zu haben. In den 1930er Jahren übersiedelt sie nach einer Drohung, einer ihrer drei Söhne könnte entführt werden, nach Europa, zieht nach Sankt Anton, trägt gern Dirndl und stattet mit dem Architekten Hans Feßler ein Ski-Chalet mit Möbeln aus dem 19. Jahrhundert aus.

Lya de Putti gelingt der internationale Durchbruch mit dem Eifersuchtsdrama „Varieté" 1925 unter E. A. Dupont an der Seite von Emil Jannings, dem späteren ersten Oscar-Preisträger. Der Film wird ein Welterfolg durch die berühmte „entfesselte Kamera" von Karl Freund und de Puttis phänomenales Filmgesicht. Vor allem jenseits des Atlantiks markiert dieses Werk den Beginn einer neuen cineastischen Zeitrechnung. Die Geschichte über das Betrügen und Betrogenwerden handelt vom Trapez-Artisten Boß Hullet, der für die Tänzerin Berta-Marie Frau und Kind in Hamburg zurücklässt und im Berliner Wintergarten für den dreifachen Salto mortale gefeiert wird. Später wird er schließlich selbst verlassen … 2014 erschien eine digital restaurierte Fassung des Filmklassikers, versetzt mit neuer Musik von The Tiger Lillies, einer sehr eigenwilligen britischen Post-Funk-Formation mit schrägem Humor.

Unter der Regie von Arthur Robinson verkörpert die de Putti die Titelfigur in „Manon Lescaut". In einer winzigen Nebenrolle: die damals noch unbekannte Marlene Dietrich. Aus „Lia" wird endgültig „Lya", als sie mit Krach und Skandal und begleitet von den Flüchen ihrer Berliner Gläubiger dem Ruf des ungarischstämmigen Produzenten Adolph Zukor nach Hollywood folgt. Über Samuel Rachmann, den Makler

Warwick Ward und Lya de Putti in „Varieté", 1925

von europäischen Regisseuren und Schauspielern für Hollywood, der sich auch um die de Putti bemüht, erzählen sich die Umworbenen das Bonmot: „Es ist schwierig, von Rachmann kein Auto geschenkt zu bekommen."

Der kleinste Titel, der einer europäischen Schauspielerin bei der Ankunft in der Traumfabrik in Kalifornien verliehen wird, ist „Gräfin". In allen Monarchien zusammengenommen gab es nie so viele deutsche, russische und österreichische „Fürstinnen" und „Herzoginnen" wie in Hollywood. Zu ihrer Ehre sei gesagt, dass sie sich die Titel nie selbst verleihen. Das tun die Reporter, aber natürlich wehrt sich keine dagegen.

Doch in Amerikas Traumfabrik bleibt der Erfolg von Lya de Putti aus. Mit ihrem Akzent ist sie für den modernen Tonfilm ungeeignet. Tragisch und filmreif jedoch ist ihr frühes Ende mit nur 33 Jahren: Sie stirbt nach einer Notoperation an einem in ihrer Speiseröhre stecken gebliebenen Hühnerknöchelchen in einem New Yorker Spital. Und ist zu dem

Zeitpunkt schon wieder so „unbekannt wie ein verlassenes Dorf im hintersten China", so ihr Biograf Zeilinger.

Sie hinterlässt 957,35 Dollar. Die Kosten für die Grabstätte auf dem Ferncliff Cemetery in der Bronx übernimmt Walter D. Blumental. Der Bankier, Erbe eines Millionenvermögens und einer der begehrtesten Junggesellen New Yorks war nicht abgeneigt, den Leinwandstar mit dem Ruf eines Vamps zu ehelichen. Aber seine Familie wehrte sich heftig und erfolgreich dagegen.

Knapp drei Monate nach dem Tod seiner Frau, die er offiziell so strikt aus seinem weiteren Leben verbannt hatte, erschießt sich Szoltan von Szepessy – pleite und depressiv – in einem Budapester Hotelzimmer.

Die Ballerina
und der Exzentriker

. . . .

Sie tanzt bis in den Himmel hinein, die kleine zarte Tilly Losch,
Star des Wiener Opernballetts. Mit ihrer Kunst, das typisch Wie-
nerische mit einer persönlichen Note zu verbinden, macht sie
sich in der Welt einen Namen. Und überrascht nicht nur mit Ta-
lent für Bühne und Film, sondern auch mit Gefühl für eine lukra-
tive Partnerwahl. Denn warum einen armen Mann heiraten,
wenn es auch reiche gibt? So ehelicht sie den jungen Briten Ed-
ward James, der seine Geschicklichkeit schon allein dadurch
zeigt, dass er sich sehr sehr reiche Eltern ausgesucht hat ...

„Was immer du tust, heirate unter keinen Umständen eine
Schauspielerin." Edward James (1907–1984) ignoriert die War-
nung seiner Mutter und hat das Nachsehen. Seine Ehe mit
Tilly Losch (1903–1975) ist kurz, turbulent und endet nach
einem Rosenkrieg mit einer skandalumwitterten Scheidung.
Aber der britische Multimillionär, Kunstsammler und Exzentriker hat ein großes Faible für das Verrückte. Er kann seine
ausgefallensten Phantasien dank eines immensen Vermögens
verwirklichen. Das hatten seine Vorfahren mit amerikanischen
Minen und Eisenbahnen gemacht.

Edward James gehören als Alleinerbe und Spross des britischen Hochadels – er ist der illegitime Enkel von König Edward VII. – mehrere Landsitze in England, eine Londoner
Stadtwohnung an der Wimpole Street, Villen an der Riviera,

Yachten, Flugzeuge und jede Menge Gemälde alter Meister. Im Landhaus in West Dean in der Grafschaft Sussex empfängt die Familie James den internationalen Hochadel, Wochenenden mit 30 Gästen sind keine Seltenheit. Einmal sind drei Könige gleichzeitig zu Besuch, erinnert sich Edward James später: Edward VII., vermutlich sein Großvater, Alfons XIII. von Spanien und Manuel II. von Portugal.

Seine wahre Leidenschaft aber gilt der modernen Kunst: Der Urgroßneffe des amerikanischen Romanciers Henry James versucht sich zunächst als Poet. Erfolgreicher ist er als Mäzen der noch jungen Bewegung der Surrealisten. Er ist mit Pablo Picasso befreundet, fördert Max Ernst, Giorgio de Chirico und René Magritte, der ihm in seinen Gemälden „Das Lustprinzip" und „Reproduktion verboten" ein Denkmal setzt.

Salvador Dalí, der ihn als einen „unermesslich reichen englischen Dichter" beschreibt, inspiriert er zu seinen bekanntesten Designobjekten – das Hummer-Telefon und das berühmte Lippen-Sofa. Das Möbelstück aus pinkfarbenem Satin war dem sinnlichen Mund von Mary Jane „Mae" West (1893–1980) nachgeformt, die in den 1920er und 1930er Jahren Kultstatus genoss. Als Schauspielerin gab sie die Femme fatale, als Autorin machte sie mit ihrem Stück „Sex" (1929) Furore. Wegen „Obszönität auf der Bühne" wurde sie zu einer Haftstrafe verurteilt – was sie aber keineswegs zähmte.

Surrealisten sind für Edward James „Menschen, die sich stark von ihrem Unterbewusstsein leiten lassen. Sie machen das Unlogische logisch: Sie machen es lebendiger als das Leben selbst – so wie Träume manchmal wirklicher sind als die Wirklichkeit."

Sein Traum in der Wirklichkeit ist eine bildschöne Wienerin in London: Tilly Losch geht ab 1913 in die Ballettschule der Wiener Hofoper, ehe sie 1924 Solotänzerin im Haus an der Ringstraße wird. Das verlässt sie, als ihr der Tänzer und Cho-

Bildschöne Wienerin mit Weltkarriere: Tilly Losch

reograf Harald Kreutzberg (1902–1968) von der Berliner
Staatsoper – Max Reinhardt verpflichtet ihn 1926 für die
Salzburger Festspiele – für eine Deutschlandtournee und eine

Saison im Wintergarten in Berlin mit Marlene Dietrich viel Geld bietet. Ein Jahr später ist sie Tänzerin und Choreografin in Max Reinhardts „Ein Sommernachtstraum" bei den Salzburger Festspielen.

Im Jahr 1927 entwickeln die beiden Ballerinen der Wiener Staatsoper Tilly Losch und Hedy Pfundmayr Tänze mit Fokus auf den Händen, die in den folgenden Jahren zu einer Art Markenzeichen für die beiden werden. In London ist die Losch dann eine Attraktion in Cole Porters Revue „Wake Up and Dream" und dem Klassiker „What is This Thing Called Love?". Für Noël Cowards Operette „Bittersweet", die in Wien spielt, choreografiert sie die Tänze, im Juli 1929 in Manchester und im Her Majesty's Theatre in London.

Der junge Edward James sieht die Wienerin auf der Bühne in Cowards Revue „This Year of Grace". Zu Bachs Musik „Air on a G string" nimmt sie Posen gotischer Skulpturen ein. Er ist Hals über Kopf verliebt: „Da ich sie mit so wundervoller Musik und mit der Schönheit mittelalterlicher Skulpturen identifizierte, glaubte ich, sie hätte auch eine wunderbare Seele."

Die beiden heiraten am 4. Februar 1931 in New York. Schon auf der Hochzeitsreise nach Hawaii beginnt sein Kampf gegen ihren Wunsch nach Scheidung. Sie fragt sich: Warum bloß habe ich diesen Mann geheiratet? Und hat vor allem sein Geld im Sinn. Ein Rolls-Royce mit Klappbettsitzen wird speziell für sie angefertigt. Er schenkt ihr Schmuck von Cartier im Wert von 100.000 Pfund in der Hoffnung, sie würde ihn dann vielleicht lieben. Obwohl er schon vor der Hochzeit zufällig ein seltsames Gespräch zwischen seiner Braut und Rudolf K. Kommer (1886–1943), Journalist und Impresario sowie ab 1922 Fundraiser und Repräsentant für Max Reinhardts Gastspiele im englischsprachigen Raum, mitgehört hatte. Was Edward James zunächst für einen Scherz hält, ist ernst gemeint: Tilly Losch soll erst einmal ihn nehmen. Moderne

Ehen bräuchten heutzutage ohnehin nicht länger als ein paar Monate zu halten. Später könne sie dann immer noch einen anderen, viel reicheren Dollar-Millionär heiraten, rät Kommer, der, aus Czernowitz stammend, in Manhattan achtzehn Jahre lang in einem der teuersten Hotels, im Ambassador in der Park Avenue, wohnt und eine Zeit lang das Vermögen der Amerikanerin Ava Alice Muriel Astor verwaltet. Sie ist die einzige Tochter von John Jacob Astor IV – der 200 Millionen Dollar schwere Besitzer des Waldorf-Astoria-Hotels in New York kam in der Nacht zum 15. April 1912 im Nordatlantik beim Untergang der „Titanic" ums Leben – und ab 1933 kurzzeitig die Frau von Raimund von Hofmannsthal (1906 – 1974), dem Sohn des Dichters.

In New York tritt Tilly Losch 1931 im New Amsterdam Theatre am Broadway in der Musical-Revue „The Band Wagon" auf. Einer der Songs daraus – „Dancing in the Dark" – sollte zum Evergreen werden. Ihre Bühnenpartnerin ist Adele Astaire (1898–1981) und gelegentlich tanzt sie mit Fred Astaire. Seine ältere Schwester ist oft scharf auf schnelle Nummern. Und wenn sie gerade keinen anderen Mann bekommt, nimmt sie Bühnenarbeiter, die sie in ihre Garderobe kommen lässt. „Und dann trieben sie es auf dem Fußboden", erzählt die Losch.

„Adele war tatsächlich ziemlich wild", bestätigt Edward James in seiner Autobiografie „Schwäne spiegeln Elefanten", benannt nach dem gleichnamigen Gemälde, auf dem Dalí den großzügigen Sponsor in einer Felslandschaft zwischen allerlei Getier verewigte. In New York stieg Adele Astaire einmal auf seiner Seite aus seinem Rolls Royce aus. „Dafür musste sie die Beine über den Schalthebel heben und zeigte dabei absichtlich alles. Als sie meinen Gesichtsausdruck bemerkte, sagte sie: ‚Ach, hast du gerade meinen Honigtopf gesehen?'"

Auch Edward James wird zum Objekt der erotischen Begierde exzentrischer Damen. Bei der Vicomtesse Marie-Laure de Noailles – sie und ihr Mann Charles zählen zu den bedeutendsten europäischen Kunst-Mäzenen des 20. Jahrhunderts – sieht er ihr von Dalí gemaltes Porträt. Er ist begeistert. Madame ist es auch – von ihm. „In der Nacht war Vollmond. Ich schlief gerade ein, als meine Gastgeberin zu mir ins Zimmer kam", schreibt Edward James. „Sie trug ein langes weißes Nachthemd und darunter einen schwarzen Spitzen-Büstenhalter und ein schwarzes Spitzen-Höschen – sehr aufreizend. Sie glitt über einen Mondstrahl zu mir ins Bett, und es war ein großer Erfolg, nachdem ich erst einmal das Höschen abgestreift hatte. (…) Immer wieder sagte sie: ‚Schau dir meinen Bauch an, der ist das Schönste an mir', was wirklich sehr charmant von ihr war. Also bewunderte ich ihren Bauchnabel und sagte, er sei in der Tat hinreißend. Ihr Gesicht war lang und hager, und niemand hätte es als hübsch bezeichnet, aber es war distinguiert."

„Die Ballerina als Nonne" titelt die „Wiener Sonn- und Montags-Zeitung" Ende Dezember 1931. „Eine der entzückendsten Frauen Wiens hat im Ausland Karriere gemacht." Tilly Losch probt im Lyceum Theatre in London – im Haus von Edgar Wallace, der nicht nur Kriminalromane schreibt, sondern auch mit seinen Stücken viel Geld verdient – für eine Neuinszenierung von „Das Mirakel", ein 1911 in London uraufgeführtes Bühnenwerk von Karl Vollmoeller, das Musik, Tanz und Pantomime einsetzt und ohne gesprochene Dialoge auskommt.

Max Reinhardt hatte das Lyceum gemietet und es in eine gotische Kathedrale umgebaut. Für das Drama mit Musik von Engelbert Humperdinck werden bunte Butzenscheiben bestellt und Heiligenbilder gekauft. Lady Diana Cooper spielt die Jungfrau Maria, Tilly die Nonne. Im Theater wimmelt es wegen der Nähe zum Covent Garden Market und zu den

Tilly Losch, wie sie der New Yorker Ziegfeld-Girls-Fotograf Alfred Cheney Johnston sah

Slums vor Flöhen. Cooper wird so eingekleidet, dass sie während des ersten Aktes fast eine halbe Stunde absolut stillstehen kann, ohne allzu sehr zu ermüden. Schließlich spielt sie eine Statue der Muttergottes, soll im grauen Licht zunächst wie aus Stein gemeißelt wirken und erst später durch eine geschickte Lichtregie zum Leben erwachen.

Diana Cooper gelang es, als „Statue", absolut bewegungslos zu bleiben. Doch eines Abends bemerkte man, wie sie sich in ihrer Draperie ganz langsam rieb. Edward James ging nach der Vorstellung zu ihr in die Garderobe, wo sie ihren Bademantel bis auf die Hüften fallen ließ, um ihm einige Flohstiche zu zeigen. „Schau nur, was deine Frau gemacht hat! Sie hat mir Flöhe in die Draperie gesteckt." Sie dachte, ihre Bühnenpartnerin hätte ihr einen Streich gespielt. Aber vielleicht waren es auch nur theatereigene Flöhe.

Edward James finanziert auch die Veranstaltungsserie „Les

Ballets 1933" im Théâtre des Champs Élysées in Paris und im Savoy Theatre in London. Bedingung ist das Engagement von Tilly Losch als Primaballerina. Schließlich will er sie damit zur Rückkehr zu ihm bewegen. Er gibt eine ganze Reihe von Balletten in Auftrag, zwei beim Designer André Derain: „Les Songes" zu Musik von Darius Milhaud und „L'Errante", eine Orchestrierung von Schuberts „Wanderer-Sonate" durch Franz Liszt, wird eigens für die Losch geschrieben.

Auf besondere Initiative von Edward James entsteht auch „Anna, Anna", besser bekannt als „Die sieben Todsünden" von Bert Brecht und Kurt Weill in der Bühnengestaltung von Caspar Neher, gespielt von Lotte Lenya und Tilly Losch. George Balanchine sagt, ihm schwebe eine Choreografie für zwei Frauen unter einem Umhang vor. Darauf meint James, es könnten ja zwei Teile derselben Frau sein, wie eine Schizophrenie – der eine Teil unbekümmert und faul, der andere eine vernünftige junge Frau, die es versteht, ihren Mitmenschen Geld aus der Tasche zu ziehen. Und dann begehen sie gemeinsam die sieben Todsünden.

Brecht schreibt das Libretto, Weill großartige Melodien. In den beiden Hauptrollen: Lotte Lenya singt, Tilly Losch tanzt, nur manchmal am Ende der Strophen stimmt sie mit ein. Tilly ist die idealistische Schwester, die um der Liebe und des Vergnügens willen auf alles andere verzichtet. Lotte ist die hartgesottene, ökonomisch denkende Schwester, die Tilly als Köder einsetzt, um an das Vermögen wohlhabender Männer zu kommen, und das Geld einstreicht. So werden sie reich.

Schlechtes Timing im Zwischenmenschlichen vor dem Konzert am Ende des Ballettzyklus' führt fast zu einer Katastrophe: Lotte Lenya unternimmt aus Kummer darüber, dass sie ihr Liebhaber, der österreichische Tenor Otto von Pasetti-Friedenburg, gerade verlassen hat, einen Selbstmordversuch mit einer Überdosis Schlafmittel. Sie wird rechtzeitig gefunden, und der Kurt-Weill-Abend muss nicht abgesagt werden. Im Jahr davor hatte Pasetti noch in der Wiener Erstaufführung von „Aufstieg und Fall der Stadt Mahagonny" von Brecht und Weill den Jimmy an der Seite der Lenya als Jenny gespielt. Die beiden wurden für längere Zeit ein Paar, obwohl auch Pasetti verheiratet war.

1937 emigriert Pasetti in die USA und kommt 1944 als Geheimdienstoffizier der US-Streitkräfte nach Europa zurück. 1946 hat er als Leiter der Theater- und Musikabteilung des amerikanischen Nachrichtenkontrolldienstes in Österreich auch zu entscheiden, ob Theaterkünstler, die während des Nazi-Regimes in Propagandaproduktionen mitgewirkt hatten, Auftrittserlaubnis oder -verbot erhalten. So hebt er Paula Wesselys Auftrittsverbot wegen ihrer Rolle in Gustav Ucickys anti-polnischen NS-Film „Heimkehr" (1941) auf.

Edward James zieht sich nach der traumatischen Trennung von seiner Frau für einige Monate auf seinen Landsitz West Dean zurück, wo er das von Sir Edward Lutyens für seine Eltern gebaute Jagdhaus Monkton in eine abenteuerliche Schatzkammer voll bizarrer Antiquitäten und surrealistischer Verrücktheiten verwandelt. Das Backstein-Mauerwerk wird violett gestrichen, die Haustür mit klassischer Umrandung leuchtend rosa. Im Flur lässt er in den Teppich die Pfotenabdrücke seines irischen Wolfshundes einweben. Für West Dean hatte er einen ähnlichen Teppich mit den Fußabdrücken seiner Frau entworfen.

„Die meisten Intellektuellen hassen mich. Sie spüren, dass ich keiner von ihnen bin, und begegnen mir ziemlich unfreundlich", sagt er im preisgekrönten dokumentarischen Porträt des amerikanischen Fotografen und Filmers Avery Danziger. „Für sie bin ich eine Art überdimensioniertes Kind. Ich versuche, ihnen klarzumachen, dass ich jetzt im Alter meine zweite Kindheit erlebe. Aber das stimmt natürlich nicht so ganz, denn ich bin ja meiner ersten Kindheit nie entwachsen."

Anfang der 60er Jahre zieht er nach Xilitla, ein Dorf nördlich von Mexico City. Der Mann, der es liebt, „Dinge wachsen zu sehen", der Bäume liebt und Blumen und Tiere, der „instinktiv Sachen bauen wollte, die wie Bäume, Pflanzen und Blumen aussehen", verwirklicht dort nach eigenen Plänen seine skurrilen architektonischen Träume. Mitten im Dschungel entsteht eine phantastische Stadt aus Blumen- und Blattformen. Mit Hilfe der Dorfbewohner errichtet er Paläste, Tempel, Pagoden und Brunnen, kunstvoll, exotisch anmutende „Gewächse" aus Beton. In einem dieser extravaganten Bauten, dem Walfisch-Haus, will er mit seinen Tieren wohnen.

Tilly Losch tritt nach ihrer Scheidung weiter als Tänzerin, Choreografin und Bühnen-Schauspielerin in London und New York auf und wirkt in einigen Hollywood-Filmen mit, unter anderem in „Die gute Erde" (1937) nach einem Roman von Pearl S. Buck und in „Der Garten Allahs" (1936) mit Charles Boyer und Marlene Dietrich, die eine Gage von 200.000 Dollar verlangt und bekommt, obwohl ihre letzten Filme an der Kinokasse gefloppt sind. Das „Time Magazine" schreibt über die Produktion: „Traurig, ruhig und irgendwie albern, gehört ‚Der Garten Allahs' zu der Sorte würdevoller Filme, bei denen die Kritiker in der Regel die Musik und die Kameraführung loben."

Eine Hauptrolle spielt Tilly Losch schließlich noch privat als Lady Carnarvon auf Highclere Castle. Kurz vor Kriegsausbruch im Herbst 1939 heiratet sie Henry Herbert, 6th Earl of Carnarvon (1898-1987). Sein Vater hatte die Expedition finanziert, die 1922 zur Entdeckung des Grabes von Tutanchamun im Tal der Könige geführt hat. Henry Herbert, allgemein

bekannt als Lord Porchester, ist ein unverbesserlicher Frauen-
held und oft Gast im Ritz Hotel in London und im Blenheim
Palace, dem Geburtsort von Winston Churchill.

Er nennt Tilly in Briefen „my adored wifie" und „pink pearl".
Für sie ist er „Porchey" oder sogar „Porchey Poo". Aber die Ehe
überlebt den Krieg und die räumliche Distanz nicht. Sie lebt in
den USA, er in England. Doch sie bleiben einander auch nach
der Scheidung 1947 in Freundschaft verbunden. Seine Anrede
in der Korrespondenz ist weiterhin „my beloved Tillykins". In
den 40er Jahren hatte sie zu malen begonnen. Die Tate Gallery
in London und das Philadelphia's Barnes Museum besitzen
ihre Werke.

Und das vom Renaissance-Stil inspirierte Highclere Castle
in der Grafschaft Hampshire, in dem die Carnavons zu Hause
waren und sind, ist die Kulisse der erfolgreichsten britischen
Fernsehserie seit Jahrzehnten, „Downton Abbey", des großen
Gesellschaftsbildes einer vergangenen Zeit. Das Schloss, eine
Autostunde westlich von London gelegen, erbaut von 1839 bis
1842 von Charles Barry (auch Architekt der Houses of Parlia-
ment in London) ist als Herrschaftssitz Downton Abbey in der
nostalgischen Saga um eine Adelsfamilie und ihr Personal
während der ersten Dekaden des 20. Jahrhunderts zum Synonym für Lieben und Leiden der adeligen Crawleys geworden.

Maria Orska setzt sich gern spektakulär-exzentrisch in Szene

Kapriziös
und verwundbar

∙ ∙ ∙ ∙ ∙ ∙ ∙ ∙ ∙ ∙ ∙ ∙ ∙ ∙ ∙ ∙ ∙ ∙

Eine große Tragödin ist das kleine Persönchen auf der Bühne, eine Pechmarie im Leben, für die es aus der Sucht kein Entrinnen mehr gibt: Maria Orska, schön, mondän, zierlich, mit rabenschwarzen Haaren und dunklen Augen, glänzt vor allem in Stücken der Moderne von Oscar Wilde, Frank Wedekind und August Strindberg. Sie lebt die Überzeugung, ein Mensch habe Anspruch auf Verzweiflung. In Wien beginnt ihre Karriere, und in Wien stirbt die notorische Morphinistin, wie die Hauptakteurin in Arthur Schnitzlers Novelle „Fräulein Else", an einer Überdosis Veronal.

„Wenn sie eine gequälte Kreatur spielt, ist sie ergreifend. Wenn sie neckisch tut, ist sie unerträglich", findet Alfred Polgar. Für Maria Orska (1893–1930) gilt jedenfalls Émile Zolas Wort: „Kunst ist Leben, gesehen durch ein Temperament." Nahe Odessa als Effi Rahel Blindermann geboren, beginnt ihre Karriere in Wien. Hierher kommt sie um 1909 durch ihren Schauspiel-Lehrer Ferdinand Gregori (1870–1928), der die k.u.k. Akademie (heute: Universität) für Musik und darstellende Kunst leitet. Als er ein Jahr später Intendant am Hoftheater Mannheim wird, folgt sie ihm und gibt dort – unter dem Namen Daisy Orska – ihr Bühnendebüt.

Aber dieser reizende, zärtlichkeitsbedürftige, kindliche Mensch mit dem verzweifelten Geltungstrieb will mehr als nur Fräulein Blindermann sein. Ihr Weg braucht Scheinwerferbeleuchtung. So werden schon bald die Kritiker auf die Schauspielerin aufmerksam, die vor allem in Gegenwartsstücken mit ausgefallenen Interpretationen überzeugt.

Schon 1911 wechselt sie ans Hamburger Schauspielhaus, wird dort rasch zum Star des Ensembles. Drei Jahre später zieht es Maria Orska, wie sie sich inzwischen nennt, nach Berlin an Max Reinhardts Bühnen. Das Publikum geht zu Aufführungen, in denen sie auftritt, wie zu verbotenen Orgien. Verstärkt wird ihre Popularität durch das Kino. 1915 startet sie eine zweite Karriere als Stummfilm-Darstellerin, gibt ihr Leinwanddebüt in der Rolle der zwielichtigen Lina in „Dämon und Mensch" und verkörpert in ähnlichen Melodramen jener Zeit den Typus der verruchten Frau.

Ab November 1916 macht das unschuldige Engelskind mit den schwarzen Locken als Männer verzehrende Lulu in Frank Wedekinds Tragödie „Erdgeist" Furore. Dieses „kleine, züngelnde, schillernde Geschöpf" gilt als „die beste Lulu, die je in Wedekinds Erdgeist über die Bretter gegangen ist". Sie war „Theaterschlange und rechthaberischer Star, etwa in Wildes ‚Salome', und war auch die bescheidenste Hedwig in Ibsens ‚Wildente'", schreibt das „Berliner Tagblatt". „Sie war heiß und kalt, sie spielte und sie lebte". In „Die Zarin" spielt die Orska Hans Albers geradezu an die Wand, sodass ein Beobachter sagt: „Albers hat nicht den Hauch einer Chance gegen Maria Orska. Beim Boxen hätte man ihn spätestens in der zweiten Runde wegen hoffnungsloser Unterlegenheit aus dem Ring nehmen müssen."

Bei einer Probe in Wien ist sie unzufrieden, reizbar, nervös, macht Krach. Der Direktor sagt: „Warum die Aufregung, Maria? Schauen Sie mich an, ich schreie nicht, ich mache keinen Krawall, ich bin ganz ruhig!" Darauf antwortet sie: „Ja. Sie haben leicht reden! Sie haben einen Bauch – und ich habe nur Haut und Knochen."

Zwischen Triumph und Absturz: Maria Orska in ihrer Garderobe

Der Schwank „Karussell" von Louis Verneuil, einem der erfolgreichsten Dramatiker des Boulevardtheaters, erzählt „die alte, niemals veraltende Geschichte des Liebestrios. Er, Sie und Er, die auf einem gemeinsamen Karussell sich das Leben nicht schwer werden lassen. Wenn einer abspringen will, dann beschwichtigt Sie. Und Sie hält auch fest, wenn einer herunterzugleiten droht", berichtet Carl von Ossietzky in der „Berliner Volks-Zeitung" Anfang 1922. „Die Sache hatte Stil und Schliff, war übermütig, ohne jemals den guten Geschmack zu ramponieren. Die Orska konnte ihre besten Gaben entfalten; sie küßte, liebte, tollte und log; sie zeigte sich in fabelhaften Toiletten und alles mit Kultur und Grazie und, nicht zu vergessen, mit guter Schauspielkunst."

Die Orska hat in Berlin „die bedenkenlose Dame gespielt, beschreibenswert modisch angetan und ausgetan, mit einem Purzelbaum höchste innere und äußere Leichtigkeit manifestierend, voll großäugiger amoralischer Naivität, deren Großäugigkeit nach Atropin schmeckte, in Wort, Miene, Geste den Zuhörer fast mit rührender Dringlichkeit bittend, doch zu merken, was für ein süßes Kätzchen sie sei", heißt es in der „Weltbühne". „In Wien spielt die Rolle Frau Ida Roland. Kein Zweifel, daß sie gekonnt haben wird, was die Berliner Kollegin konnte. Kunst kommt von Wollen."

Sie ist stolz auf einen Stoß Liebesbriefe, die ihr ein Angehöriger des bayrischen Königshauses geschrieben und aus Rücksicht und Vorsicht mit „Dein Römer" signiert hat, berichtet einer ihrer Bühnenkollegen. Nach der Heirat mit ihrem zweiten Mann, dem Bankier Baron Dr. Hans von Bleichröder jun. (1888–1938) steht sie im Mittelpunkt der Berliner Gesellschaft. Oskar Kokoschka zeichnet von ihr eines seiner typischen Seelenporträts, die auch auf die Psyche und nicht nur auf das Äußere abzielen. Und sie, die Kapriziöse, setzt sich auch privat gern spektakulär-exzentrisch in Szene. Sie trägt so gewagt kurze Kleider, dass sie bei Leuten auf der Straße Lynchgelüste provoziert.

Als in Berlin große Not an Kohlen herrscht, sind in der Bleichröder'schen Wohnung in der Potsdamer Privatstraße die Fensterscheiben blind hinter dicken Eisblumen. Maria Orska sitzt frierend im Bibliothekszimmer, als Besuch kommt. Ein Theaterdirektor will über ein Engagement sprechen. Sie geht ihm entgegen und begrüßt ihn in der großen Halle mit den Worten: „Behalten Sie Ihren Mantel an. Hier ist nicht geheizt. Ich bin nämlich geizig."

Berichte über das Paar Bleichröder & Orska erscheinen in Magazinen und Zeitungen in ganz Europa, aber die Ehe ist nicht von langer Dauer. Und überhaupt ist die Ehe „außer unserer Geburt und unserem Tod das Unerbittlichste, dem wir Menschenkinder verfallen sind", heißt es bei Frank Wedekind. Eine schwere Nebenwirkung dieser Bitterkeit ist bei der Orska das süße Gift der Selbstzerstörung. Und weil hinter jeder Sucht eine Sehnsucht steckt, muss sie erkennen: „Wir halten immer an den Dingen fest, die wir verloren haben."

Um sich schwebender und leichter fühlen zu können, genügt ihr eine Zeitlang Champagner. Aber sie verfällt, als die Ehe gescheitert ist, rasch der angenehm erregenden, zugleich betäubenden und erlösenden Augenblickswirkung von Kokain und Morphin, was allerdings irgendwann auch nicht mehr helfen will. Auf Entziehungskuren kommt im langen Endkampf mit dem gebrochenen Herzen auch mitunter ein Waffenstillstand zustande, der aber selten anhält. Die Orska ist sich selbst ihr größter Feind. Exzesse sind die Folge ihres maßlosen Konsums von Rauschgiften. Sie geht in Sanatorien und flüchtet von dort wieder, oft unter abenteuerlichen Umständen, irrt verwirrt und fast im Dämmerzustand durch die Straßen.

Als die Morphinistin nach einem Anfall auf einem Bahndamm in der Nähe von Würzburg aufgefunden wird, sind ihre Kleider zerfetzt, aber von ihrem Schmuck fehlt kein Stück. Auch nicht der schöne und besonders wertvolle Smaragd-Ring am Zeigefinger ihrer linken Hand. Ein Freund rät ihr kurz darauf in Wien, auf Reisen nicht immer so wertvollen Schmuck mit sich zu tragen. „Schau, Maria, wie leicht hätte man dir deinen Smaragdring stehlen können!" Sie antwortet lakonisch: „So ohnmächtig kann ich gar nicht sein, dass man mir den Ring vom Finger hätte ziehen können."

Triumph und Absturz stehen dicht nebeneinander. Sie spielt suggestiv, hinreißend und bezaubernd. Spontanen Szenenapplaus quittiert sie mit einem Schmerzenslächeln. Die dunklen Augen haben einen fiebrigen, fast ekstatischen Glanz. Das

Stück ist zu Ende. Während das Publikum gut gelaunt das Theater verlässt, ahnt niemand, welche Tragödie sich gerade hinter den Kulissen abspielt. Maria Orska hat, vor Erschöpfung am ganzen Leib zitternd, einen Schreikrampf, zerschlägt in einem Tobsuchtsanfall den Spiegel ihrer Garderobe. Nur mit Mühe gelingt es einer Krankenschwester und einem Arzt, der suchtkranken Frau, die um Morphium bettelt, eine Beruhigungsspritze zu geben. Eine halbe Stunde später fährt man sie im Krankenwagen vom Theater ins Sanatorium.

In der Boulevard-Presse wirbelt eine Frage viel Staub auf: Wo sind die Perlen der Orska? Ihr Mann hatte im Zuge der Scheidung die Rückgabe des „Familienschmuckes" gefordert und vom Richter zugesprochen bekommen. Unter den Brillanten und Perlen habe ein besonders wertvolles Stück, die sogenannte „Bismarck-Kette", aus kostbaren Steinen zusammengesetzt, auch historischen Wert, denn sie sei ein Geschenk des Fürsten Bismarck an die alte Baronin gewesen. Der galt zwar als überaus geizig, aber andererseits stand das Bankhaus Bleichröder als Vermögensverwalter dem Eisernen Kanzler sehr nahe.

Also wo war die Halskette geblieben? Maria Orska hatte sie bereits zwei Jahre davor während ihres Besuches bei Louis Verneuil in Paris versetzt, weil sie Geld brauchte, und umging dabei die Devisenvorschriften, indem sie „einfach ihren Schmuck als Pfand hinterlegte", berichtet „Die Bühne". „Die Perlen der Orska werden auf zweieinhalb Millionen Goldmark geschätzt. Wenn es sich um einen solchen Wert handelt, kann selbst ein Bleichröder aus seiner Noblesse fallen und prozessieren." Sein Gentleman-Renommee habe der Herr Baron ohnedies längst verloren, seit ihn der ungarische Fliegeroffizier Emmerich von Jeszensky vor dem Hotel Adlon öffentlich geohrfeigt hat.

Endstation Todessehnsucht ist Wien. Mehrere Entziehungskuren bleiben erfolglos. Der Amtsarzt lässt Maria Orska bereits im September 1929 in die Psychiatrische Klinik einliefern. „Maria Orska in der Isolierzelle" meldet die „Sonn- und Montagszeitung" auf der Titelseite. Acht Monate später wird sie bewusstlos in ihrer Wiener Wohnung nahe der Ringstraße aufgefunden und stirbt am nächsten Tag durch eine Überdosis Veronal mit nur 37 Jahren im Allgemeinen Krankenhaus.

Ihren Nachlass (darunter Mobiliar, Luster, Uhren, Porzellan, Bronzen, Aubusson-Teppiche, Gemälde, Miniaturen, ein Hermelinmantel und ein russischer Zobelkragen) versteigert das Kunstauktionshaus Albert Kende am Nachmittag des 17. September 1930 in der letzten Wohnung der Schauspielerin. Der Publikumsandrang in der Maria Theresienstraße 5 ist so groß, dass das Haus polizeilich gesperrt werden muss. Die Versteigerung bringt mehr als 200.000 Schilling Erlös.

„Die Orska war eine Delila für viele Männer, bis sie an einem, Bleichröder, zerbrach, der jetzt, nobel bekümmert, aber doch als Sieger an ihrem Grabe stand", notierte der Journalist Adolf Stein, der unter dem Pseudonym „Rumpelstilzchen" als Beobachter der Berliner Kulturszene wöchentlich ein Feuilleton oder – wie er selbst sagt – einen „Plauderbrief unter dem Strich" in der „Täglichen Rundschau" schrieb. Er sah, „wie den Männern die Glut ins Gesicht schoss", wenn die Orska „auch nur ein wenig – eine ihrer unnachahmlichen Bewegungen – die Oberlippe über den Zähnen schürzte. Mehr als nur ein Mann hat die Leidenschaft für diese Delila mit Vermögen und Leben bezahlt. Sie war sich dessen bewusst."

*Pastorentochter Marietta Johanny: Viel Licht und Schatten im Leben
einer Schönheit*

Ein Frauenzimmer der Superlative

. . . .

Sie ist die schönste Pfarrerstochter der Welt, süß und blond,
die schönste Wienerin ihrer Zeit: Marietta Johanny aus der
Dorotheergasse 18 liefert durch ihre zahlreichen internationalen
Affären viel Gesprächsstoff. Von einer eifersüchtigen Frau wird
sie mit Säure im Hotel Sacher attackiert. Nach ein paar Ehen
hätte sich die schöne Baronin sogar beinahe in den englischen
Hochadel katapultiert. Aber die Familie des Herzogs von West-
minster war „not amused".

Eine Frau mit Pralinenschachtelgesicht. Doch wer hoch steigt,
fällt tief. Kann man drittklassig sterben? Ja. Das Leben der
Marietta Johanny (1889–1934), die gesegnet war mit einer Über-
dosis Schönheit, endet nach einer angeblich späten Karriere als
Morphinistin schließlich „in dürftigen Verhältnissen in einem
Czernowitzer Krankenhaus", wie die „Wiener Sonn- und
Montagszeitung" berichtet.

Aber der Reihe nach: In einer Zeit, als der Demel am Kohlmarkt noch der kultivierte Treffpunkt dreier Welten – der aristokratischen, der nobelbourgeoisen und der halbseidenen – ist,
kann man die Tochter des evangelischen Pfarrers Dr. Erich
Johanny und die ursprünglich ebenfalls aus bürgerlichem Haus
stammende Gräfin Schönborn dort beim Kaffeetratsch sehen.

Die ganze männliche Jugend Wiens ist in das auffallend
schöne Mädchen verliebt. „Sie aber wählte nicht den geraden

Weg zur Ehe, sondern jenen über das Deutsche Volkstheater, das damals die beste Heiratsvermittlung war", schreibt „Die Bühne" über das dort grassierende „Heiratsfieber". Die Theaterehe kommt wieder in Mode, und viele Künstlerinnen ziehen sich mit der Ehe von der Bühne zurück. Auch im Johann-Strauß-Theater kommen die Sängerinnen in der Operette „Rund um die Liebe" erstaunlich schnell unter die Haube, sodass der Direktor klagt: „Bei mir wird ja en suite geheiratet." Die Theateragenten wurden regelrecht überlaufen. „Bitte verschaffen Sie mir ein Engagement ans Volkstheater – vielleicht kann ich mich dann auch verloben", flehen alle „Naiven", wie man die süßen, glucksenden Mädel in der Sprache des Theaters nennt. Und die Mädchen der anderen Fächer schließen sich dem Ruf an.

Obwohl die Eltern von einer Bühnenkarriere Mariettas nichts wissen wollen, nimmt sie vorübergehend ein Engagement an: Sie debütiert als Daisy in Hermann Bahrs „Wienerinnen" und hat dann im Juni 1913 in Sem Benellis Stück „Das Mahl der Spötter" – neben Ida Roland in der Jünglingsrolle des Gianettino – einen Auftritt als zarte Schönheit und eine einzige große Liebesszene. Die Hauptrolle ist mit dem Schauspieler, Maler und Bohémien Albert Steinrück (1872–1929) besetzt. Er verkörpert im selben Jahr unter anderem den Woyzeck in der Uraufführung des gleichnamigen Dramas von Georg Büchner und ist durch seine erste Ehe mit Elizabeth Gussmann (1885–1920), einer Schwester von Olga Schnitzler, mit Arthur Schnitzler verschwägert.

Im Sommer nach dieser Bühnenepisode verbringt die Johanny ein paar Wochen in Bad Ischl und wartet wie alle Frauen auf den Mann ihrer Träume. Doch inzwischen heiratet sie erst einmal: Ihr Eindruck auf Wiens populärsten Sänger Alfred Piccaver (1884–1958), den gebürtigen Amerikaner und großen Tenor der Hofoper, ist nachhaltig. Unmittelbar nach der

Hochzeit in der evangelischen Pfarrkirche in Bad Ischl reist das Paar nach Karlsbad.

Ein echter König in einem Spielfilm, das ist 1916 eine Überraschung und auch sonst ziemlich einmalig. Marietta Piccaver steht mit Ferdinand I. von Bulgarien für die deutsch-österreich-ungarische Produktion „Bogdan Stimoff – Aus Bulgariens großer Zeit" vor der Kamera. Sie ist im „Nationalfilm in 5 Akten" die Brunnenfee, der Burgschauspieler Georg Reimers der Titelheld, der vom Bauern zum Fabriksdirektor und schließlich zum Offizier wird, und Lotte Medelsky seine Frau.

Neben Zar Ferdinand spielen auch Ihre Majestät Königin Eleonore und die königlichen Prinzessinnen Eudoxia und Nadezhda von Bulgarien mit. Mit dem patriotischen Streifen „verbindet sich das für die Geschichte der Kinematographie epochale Ereignis, daß ein regierender Monarch in dieser seiner Eigenschaft auch eine Rolle eines Films übernahm", schreibt Karl Kraus in „Die Fackel". Die Uraufführung in Österreich findet am 10. Mai 1916 im Wiener Musikverein statt.

Piccaver muss bald erkennen, dass eine so schöne, eine sich so sehr nach Luxus sehnende Frau ernstes Künstlertum neben sich nicht dulden würde. Vor allem: Eine Frau wie sie ist für einen Mann allein zu schön. Und das Portemonnaie eines Kammersängers für einen auf Verschwendung angelegten Lifestyle wie den der Johanny zu klein.

„Für einen Mann ist dieses Weib zu kostspielig", sagt Piccaver nach Erhalt ihrer exorbitanten Schneider-Rechnungen mit bitterem Humor. Es kommt 1917 zur Scheidung und schon im Jahr darauf in Budapest zur Verehelichung mit dem ungarischen Großgrundbesitzer Baron Tibor von Jakabffy. Man bewundert die Modulationsfähigkeit der protestantischen Pfarrerstochter, die eine Dame von Welt werden will. Denn wieder ist es, wie kann es anders sein: Liebe auf den ersten Blick.

Aber Jakabffy verarmt alsbald und betreibt schließlich ein Taxiunternehmen. Da steht für die Johanny-Piccaver-Jakabffy die nächste Namensänderung an. Ehemann Nummer drei ist der reiche Baron und rumänische Diplomat Alexander Styrcea (1889–1979), Besitzer großer Wälder in Rumänien. Das Paar lebt abwechselnd in Paris, Monte Carlo, Biarritz und in Wien in der Prinz-Eugen-Straße 30 – bis zu einem aufsehenerregenden gesellschaftlichen Skandal eines Tages im Juni 1919. Die Frau des ungarischen Aristokraten, Rennstallbesitzers und berüchtigten Spielers Julius von Szemszö mit Wohnsitz in der Wiener Leopoldstadt hat in der Konditorei des Hotels Sacher ein Vitriol-Attentat auf die Baronin Styrcea verübt. Das Motiv: Eifersucht. Ob die berechtigt ist? Man ist diskret und verneint die Frage. Immerhin soll Johanny-Piccaver-Jakbaffy-Styrcea einmal in Budapest mit Szemszö verlobt gewesen sein. Sie wird durch die ätzende Flüssigkeit zwar vor allem am Hals verletzt und ins Sanatorium Fürth gebracht, ihr Engelsgesicht ist aber nicht entstellt.

Die „feine" Gesellschaft ist auch Stadtgespräch, als Szemszö Anfang Dezember 1920 in seiner Wohnung, Czerningasse 11, wegen Hazardspiels und Betruges verhaftet und später gegen eine Kaution von einer Million Kronen wieder freigelassen wird. Der 39-Jährige hatte mit der Polizei schon wiederholt zu tun, einmal wegen Entführung des reichen Mädchens Piroska aus Ungarn nach Wien, um es gegen den Willen ihrer Eltern zu heiraten. Nach der Hochzeit 1902 wird Szemszö im alten Österreich Statthalter im Komitat, ehe er sich 1918 wieder scheiden lässt und die geschiedene Frau eines Hotelbesitzers ehelicht. Bald lässt er sich auch von ihr wieder scheiden und kehrt zu seiner ersten Frau zurück, mit der nach Wien zieht und im Hotel Sacher wohnt.

Nach dem Eifersuchtsdrama ziehen die Szemszös vom Hotel in die Czerningasse 11. „Wie in einem festen Kastell hauste

Lieferte Gesprächsstoff mit zahlreichen internationalen Affären:
Marietta Johanny

er mit seiner Dienerschaft in dem Hause, das durch eine hohe Mauer jeder Beobachtung von außen entzogen ist. Er lebte auf größtem Fuße, hielt im Hause einen Stall mit sieben Rennpferden und hatte sechs Automobile. Auch zwei Milchkühe waren in dem ‚Kastell Szemszö'. In der Wiener Lebewelt war er sehr bekannt", schreibt die „Arbeiter-Zeitung".

Szemszö lernt in Wien den Sohn des Großindustriellen August Lederer und seiner Frau Serena kennen, die als Kunstsammler, Förderer (vor allem von Klimt) und Besitzer des monumentalen „Beethovenfrieses" einen Platz in der Kunstgeschichte haben. Szemszö lädt den 21-Jährigen in sein Schlössl zu „mehreren Stößen Bakkarat mehr des Spaßes halber" ein.

Falls er verliere, müsse er die Spielschuld, so Szemszö und sein Bruder, nicht gleich und auch nicht innerhalb der vom „Ehrenkodex" vorgeschriebenen Frist begleichen, sondern könne Wechsel ausstellen, die erst nach zwei Jahren fällig seien. Nicht in Kronen, sondern in Dinar, da man nicht wissen könne, ob die Kronenwährung in zwei Jahren noch bestehen werde.

Nach diesen Vereinbarungen kommt es zum Spiel, und der Gast hat so großes Pech, dass er innerhalb weniger Stunden seinen beiden Spielpartnern zwei Millionen Dinar schuldet. Nun hat er genug und bricht das Spiel ab. Die Brüder Szemszö lassen sich sieben Wechsel auf insgesamt zwei Millionen Dinar ausstellen, fällig nach zwei Jahren. Um einem eventuellen Einwand gegen Spiel und Wette zu begegnen, wird Fritz Lederer ersucht, schriftlich zu bestätigen, dass er von den Brüdern ein Darlehen von zwei Millionen Dinar erhalten habe. Dadurch soll verschleiert werden, wie die Millionenschuld entstanden ist. Auch dazu ist Lederer bereit, der sich über die wahre Höhe seiner Schuld gar nicht im Klaren ist.

Denn bevor das Spiel begonnen hatte, sagten ihm die Brüder, ein Dinar entspreche sechs Kronen, also seien zwei Millionen Dinar zwölf Millionen Kronen. Erst später erfährt Lederer: Ein Dinar entspricht vierzehn Kronen. So hatte er in einer Nacht 28 Millionen Kronen verloren.

Die in der Öffentlichkeit viel erörterte Spieleraffäre kommt vor das Strafbezirksgericht Josefstadt: Bei den Szemszös war nach Meinung des Richters der Tatbestand des Betruges nicht erfüllt. Vor dem Bezirksgericht Leopoldstadt fordert der Ankläger: „Das Treiben der Leute, die bar jedes sittlichen Empfindens zu sein scheinen, müsse allgemeine Empörung hervorrufen, wenn man bedenkt, dass in einem Staate, in dem die Kinder verhungern und von dem das Ausland für die hungernde Bevölkerung um Almosen angebettelt werden müsse, innerhalb weniger Stunden in einer Kartenpartie 28 Millionen Kronen verloren werden. Gegen derartige Leute sei Milde nicht am Platze."

Schließlich werden alle Beteiligten – auch Fritz Lederer – wegen gewerbsmäßigen Hasardspieles zu Arrest- und Geldstrafen verurteilt. Die Affäre hatte noch ein explosives Nachspiel im Haus der Familie Lederer: Bei der Untersuchung eines versuchten Bombenanschlages in der Bartensteingasse, der nur Sachschaden anrichtet, führen die Spuren nach Budapest. Zu Freunden von Szemszö …

Auf Dauer ist aber auch Styrcea den ihm von seiner mondänen Frau auferlegten finanziellen Strapazen nicht gewachsen. Er dementiert zwar eine kolportierte Scheidung, aber für die Baronin beginnt ein an kleinen Liebesabenteuern reiches Dasein. Die von der „New York Times" am 4. Juli 1920 angekündigte Hochzeit mit dem amerikanischen Multimillionär Harold S. Vanderbilt (1884–1970) in London wird später dementiert.

Auch der Karrieresprung von der schönsten Frau Wiens zur reichsten Frau Londons misslingt. In Paris hatte Baronin Styrcea, die im Mittelpunkt einer internationalen Gesellschaft steht, den damals 50-jährigen Hugh Grosvenor, 2nd Duke of Westminster (1879–1953), kennengelernt. Die beiden sitzen später oft im Speisesaal des Ritz oder im Claridge. Der Herzog von Westminster, damals der reichste Mann Englands, steht kurz vor der Scheidung seiner zweiten von insgesamt vier Ehen, was Gerüchten Auftrieb gibt, er könnte die Wienerin heiraten. Der Duke sei bereits verlobt, nein, sogar schon verheiratet, heißt es. Aber das ist voreilig: Die britischen Royals, in Herzensangelegenheiten nicht immer gentlemanlike, dementieren Presseberichte.

Da buhlen schon längst auch andere um die Gunst des Herzogs von Westminster: Gabrielle „Coco" Chanel hat er

1923 in Monte Carlo kennengelernt. Mit der französischen Modedesignerin verbindet ihn eine Langzeitaffäre. Mindestens zwei Sommer verlebt das Liebespaar im feudalen Rosehall House (Baujahr 1822) bei Inverness in Sutherland in den schottischen Highlands, das sie in ihrem besonderen Stil einrichtet, mit beigen Tapeten und angeblich mit dem ersten Bidet in ganz Schottland ausstattet. Anschließend wird das 22-Zimmer-Anwesen 1928 wieder verkauft. Winston Churchill berichtet, dass Coco Chanel erfolgreich Lachse fischt. Mit Westminster verbringt sie auch Urlaube auf seiner Yacht „The Flying Cloud" und in dessen französischem Landhaus Château Woolsack in Mimizan an der Biskaya …

Der spendable Duke weiß, „Diamonds Are a Girl's Best Friend", und verwöhnt seine Freundinnen gern mit Preziosen. Seiner Geliebten Coco Chanel schenkt er eine Wohnung im Londoner Nobelviertel Mayfair und obendrein ein Grundstück zwischen Monte Carlo und Menton, wo sie die Villa La Pausa bauen lässt. Unter vielen berühmten Gäste empfängt sie unter anderen Igor Strawinsky, Jean Cocteau, Pablo Picasso und Pierre Bonnard.

Auf die Frage, warum sie seinen Heiratsantrag abgelehnt habe, antwortet sie: „Jede würde den Duke of Westminster heiraten. Es gibt viele Herzoginnen, aber es gibt nur eine Coco Chanel." Sie verkauft die Villa La Pausa erst 1953, dem Todesjahr des Duke, an den Kunstsammler Emery Reves, der sie wiederum an einen ihrer Freunde vermietet: Winston Churchill. Als die Villa im Frühjahr 2012 erneut auf den Markt kommt, findet sie in nur wenigen Tagen einen Besitzer.

Die getanzte Sünde

· · · · · · · · · · · · · · · · · ·

Hardcore. Exzess. Skandal. Das ist Anita Berber, das faszinie-rendste Nachtgeschöpf der Weimarer Republik. Ein früher Star der Goldenen 20er Jahre, in denen alles gefällt, was bis vor kurzem nicht erlaubt war. Ihre Tänze heißen „Selbstmord", „Morphium" und „Kokain" – eine Provokation für die Bourgeoisie. Nach nur 29 Jahren ist ihr kurzes und intensives Leben zu Ende. Todesur-sache „galoppierende Lungenschwindsucht", sagen die Ärzte. Zuviel von allem, sagt der gesunde Menschenverstand: Drogen, Sex, Alkohol, drei Ehemänner und ungezählte Liebschaften ...

„Sie war die gewagteste Frau ihrer Zeit, gleichsam das erste It-Girl von Berlin", sagte Modemacher Karl Lagerfeld und in-szenierte seine Models als Tänzerin Anita Berber bei einem Foto-Shooting zum 30-Jahr-Jubiläum der deutschen „Vogue" im Oktober 2009. „Sie hat ihr kurzes Leben verbrannt. Die Jugend von heute kann sich nur zu gut mit ihr identifizieren."

Anita Berber (1899–1928) weiß: Wenn du ein Star bist, hast du immer Skandal. Und den braucht sie wie ihr tägliches Brot. In Wien verbreitet sich im November 1922 das Gerücht, dieser Prototyp einer Ganztagsextrovertierten, diese begnadete Selbstdarstellerin, die ein Bühnenprogramm mit dem Titel „Tänze des Lasters, des Grauens und der Ekstase" aufführt, sei schwer nervenkrank und in Steinhof eingesperrt. Sie demen-tiert prompt in einem Brief an „Die Fackel". Sie sei nicht „ver-rückt geworden", sondern „in Wahrheit quietschvergnügt und puppenlustig". Sie „liege ganz vergnügt im Sanatorium Loew" in der Mariannengasse 20 und erhole sich nur „von einer kleinen Bauchfellentzündung". Und die habe sie sich „beim Filmen geholt, draußen im Schönbrunner Park".

Die Berber tanzt, und ganz Wien bebt vor Erregung. Zum ersten Mal im Apollo-Theater im November 1917. Eine „tanzende Sünde" ist sie für die „Wiener Allgemeine Zeitung" fünf Jahre später, als sich die Veranstalter um das verhaltensauffällige Fräulein, das ihnen mit ihrem oft textilfreien Tänzen volle Häuser garantiert, beinahe prügeln. Mit ihrem Bühnenpartner Sebastian Droste ist die Berber von November 1922 bis Jänner 1923 beinahe täglich im Konzerthaus, im Varieté Apollo, im Nachtlokal Tabarin, im Ronacher oder in den Kammerspielen zu erleben. Bis das Ronacher dagegen protestiert, dass die „Skandaltänzerin", die sich durch die Beine nichts als ein schmales Bändchen als Schutz gegen Ärgernis schlingt, auch in anderen Etablissements auftritt, habe man sie doch für eine Riesengage exklusiv engagiert, und bei Gericht ein Konkurrenzverbot mit Haftandrohung erwirkt. Paroli bietet darauf das Etablissement Parisien im Ronacher-Gebäude (Eingang Schellinggasse), wo die Berber 1920 im selben Programm wie Tilly Losch und Toni Birkmeyer getanzt hat, mit dem „Nacktballett Celly de Rheydt". Und der ehemalige österreichische Radrennfahrer Maxime Lurion (1875–1948), der 1903 an der Ecke Stubenring/Wollzeile ein luxuriöses Kaffeehaus eröffnet und zwei Jahre später an die Familie Prückel verkauft, lässt nach einem Intermezzo als Gastronom in London als Besitzer des Vergnügungsetablissements Lurion (Siebensterngasse 42/ Ecke Kirchengasse) durch die Presse verbreiten, sein Programm sei auch ohne Berber/Droste hochklassig.

Dabei hatte alles ganz harmlos begonnen. In Leipzig geboren, Mutter Chansonsängerin, Vater erster Geiger beim Gewandhausorchester, der es auf fünf Ehen bringt, übersiedelt sie

Anita Berber: Ihre grotesk-erotischen Shows sind kalkulierte Spektakel

15-jährig mit Mutter und Großmutter nach Berlin und nimmt Unterricht bei der berühmten Tanzlehrerin Rita Sacchetto. In der Ballettschule steht Anita Berber mit ihrer stolzen Anmut und langbeinigen Eleganz rasch im Mittelpunkt, bewundert und beneidet von Mitschülerinnen wie Leni Riefenstahl.

Frühe Fotos zeigen sie lachend in rührenden Harlekinkostümen. Nebenbei verdient sie Geld als Mannequin. Sie heiratet unbekümmert einen nicht weiter wichtigen Mann, lernt andere kennen, lässt sich scheiden, liebt je nach Laune Männer und Frauen. Schließlich verliebt sie sich Hals über Kopf in Sebastian Droste, der eigentlich Willy Knobloch heißt, einen Tänzer, dessen Choreografien Titel wie „Opiumrausch" tragen und der eher den Schattenseiten der menschlichen Existenz zugetan ist. Ganz nach dem Credo von Charles Baudelaire: „In der Kunst ist nur das Bizarre schön."

Ab 1920 treten die beiden gemeinsam auf, etwa in „Selbstmord" zu Musik von Beethoven. Im Jahr darauf tanzt die Berber zum ersten Mal nackt. Sie hat sich da schon einen Namen gemacht, ist in ein paar Filmen aufgetreten. Noch ist sie nicht berühmt, aber schon berüchtigt. Man kennt sie in Berlin, dann in Hamburg und Wien – diese dunkle Schönheit, die es mit der Unmoral genau nimmt. Tagsüber trägt sie oft nichts weiter als ein Kettchen ums Fußgelenk und einen Zobelpelz, in dessen Ärmel sie ein kleines Äffchen spazieren führt und das sie eines Tages versehentlich erdrückt. Die Augenbrauen hat sie sich abrasiert und mit Tusche neu aufgemalt. Ihre Haare leuchten kupferfarben, die Haut ist blass. Abends sieht man die stark Kurzsichtige mit Monokel.

Sie ist mit einer Art parfümiertem Sex geladen, Ausdruck dieser morbiden, übersteigerten Zeit. Entrüstung und Empörung bleiben nicht aus. Die Kulturverteidiger machen „aus einem Tratschfloh einen Ereigniselefanten", wie Anton Kuh anmerkt. Sie schimpfen „über dieses Ereignis, das nur Tratsch sei und obendrein: schamverletzend, ruhestörend." Und darüber, dass sie als Frau Herrenhosen trägt, eine Mode, die bald „à la Berber" heißt und nicht nur von Marlene Dietrich übernommen wird.

Einmal betritt sie mit zwei geschminkten Jünglingen im kostbaren Nerzmantel und in hochhackigen Goldschuhen den Speisesaal des Berliner Hotels Adlon, man bestellt Champagner, Veuve Cliquot, erzählt der Schauspieler Hubert von Meyerinck in seinen Memoiren. Plötzlich lässt die Berber ihren Pelzmantel von den Schultern gleiten. Darunter ist sie splitterfasernackt. Der Oberkellner bedeckt diskret ihre Blöße und führt sie formvollendet hinaus.

Auch ihre Shows sind kalkulierte Spektakel. „Wenn Anita ihren schönen Po dicht vor der Rampe rhythmisch zur Schau brachte, hoben sich die Wogen der Begeisterung", berichtet ein Augenzeuge von ihrem Auftritt 1921 im Hamburger Alkazar. Ihre „schönen Titten waren um die Warzen herum fleischfarbig geschminkt".

Die aus Wachs modellierten, halbmetergroßen Figuren der exzentrischen und mondänen Berliner Puppenkünstlerin und Kostümbildnerin Lotte Pritzel (1887–1952) wurden einmal als „graziöse Orchideen in menschlicher Gestalt, Auswüchse einer neurotischen Fantasie" beschrieben. Nicht nur Rainer Maria Rilke begeisterte sich für ihren expressiv-mysteriösen Ausdruck und schrieb einen Text, der mit 15 kolorierten Zeichnungen als Monografie erschien. Auch Anita Berber, mit einem die Brüste frei lassenden Dekolleté als Figur gestaltet, tanzt live à la „Pritzel-Puppe". Im Atelier der Fotografin und Meisterin des sinnlichen, erotischen Frauenporträts Dora Kallmus (1881–1963), die sich „Madame d'Ora" nennt, in der Wipplingerstraße 24-26, posiert die Berber für Aktaufnahmen.

Zwischen 1918 und 1925 spielt sie in 26 Filmen, unter anderem in „Dreimäderlhaus", „Anders als die anderen", „Prostitution",

Anita Berbers Glorie besteht aus Erotik, Kokain, Salomé

„Nachtgestalten" und „Graf von Cagliostro", an der Seite von Stars wie Werner Krauss, Conradt Veidt, Lya de Putti, Heinrich George, Hans Albers und Emil Jannings. Die meisten davon werden in Wien gedreht. In „Dr. Mabuse", dem bekanntesten ihrer Filme, doubelt sie die Tanzszenen für die Hauptdarstellerin.

Am 30. Oktober 1922 ist Anita Berber mit ihrer grotesk-erotischen Show „Tänze des Lasters, des Grauens und der Ekstase" im Wiener Konzerthaus. Die freizügigen Szenen werden von „Madame d'Ora" mit der Kamera festgehalten, aber nicht in der Presse veröffentlicht. Für die einen ist die Berber ein Symbol der Befreiung, für andere eine permanente Provokation, Bürgerschreck par excellence. Zweifellos ist sie eine Exhibitionistin. Doch Exhibitionismus ist eine starke Droge und schon nach einiger Zeit zeigt eine Dosis, die einen Anfänger umbringen würde, keine Wirkung mehr.

„Sie war erst seit zwei oder drei Jahren berühmt, aber schon ein Symbol geworden. Verderbte Bürgermädchen kopierten die Berber, jede bessere Kokotte wollte möglichst genau wie sie aussehen. Nachkriegserotik, Kokain, Salomé, letzte Perversität: Solche Begriffe bildeten den Strahlenkranz ihrer Glorie. Nebenbei wussten die Kenner, dass sie eine ausgezeichnete Tänzerin war", erinnert sich Klaus Mann 1930 in der Zeitschrift „Die Bühne".

Er hatte als knapp 18-Jähriger ihre Bekanntschaft gemacht und war vor allem von ihrem geschminkten Gesicht erschüttert: „Eine düstere und böse Maske. Der stark geschwungene Mund, den man sah, war keineswegs ihrer, vielmehr ein blutiges Machwerk aus dem Schminktöpfchen. Die kalkigen Wangen hatten violetten Schimmer. An den Augen musste sie täglich eine Stunde mindestens arbeiten."

Otto Dix, dem in der Kunst wie im Leben die Hässlichen, von Not und Laster Entstellten gefielen, malt die Drogensüchtige 1925 als Ruine einer Frau in einem eng anliegenden, hochgeschlossenen roten Kleid und mit roten Haaren. Verlebt sieht die Schöne mit dem feinen, ausdrucksstarken Gesicht und dem langgliedrigen, knabenhaft schlanken Körper auf seinem Porträt aus: Der weiß gepuderte Teint, der grellrot aufgemalte Mund, die weit aufgerissenen und dunkel getuschten Augen sind das Zerrbild einer Frau und zugleich Ausdruck einer Epoche der Dekadenz.

Die Stadt Nürnberg erwirbt das schockierende Bild 1928, das fünf Jahre später die Nationalsozialisten als „entartet" aus der Städtischen Kunstsammlung entfernen. Dix kauft das Bild in den 1960er Jahren auf einer Münchner Auktion zurück. Es hängt in seinem Haus im baden-württembergischen Hemmenhofen in der Diele, während der Maler sein Esszimmer – zur Irritation der Gäste – mit dem „Triumph des Todes" schmückt. Heute befindet sich das Gemälde im Kunstmuseum Stuttgart.

Der Stern der Anita Berber strahlt grell auf. Aber schließlich bietet sie nur noch den halb verglühten Aschenrest ihrer Kunst der Bewunderung dar. Der unvermeidliche „Absturz, rapid und katastrophal, scheint großartig stilisiert, pathetisch gesteigert, wie vorher ihr Triumph", so Klaus Mann. Die Tänze mit Namen wie „Kokain" zu Musik von Saint-Saëns, „Morphium" zu Musik von Spoliansky sind in Wahrheit ihr Leben. Die Drogen verändern ihren Charakter, sie wird unberechenbar, zettelt Schlägereien an. Zurufe aus dem Publikum beantwortet sie mit Beschimpfungen. Manchmal springt sie über die Rampe, attackiert den Nächstsitzenden oder wirft Sektflaschen. Die Ehe mit Droste geht auseinander. In Wien wird das Paar des Landes verwiesen.

Alle hatten an ihr verdient, bis man sie hinauswarf wie eine ausgepresste Zitrone. „Wäre noch die gute alte Zeit! Wäre die

Dame mit Monokel ein Königsliebchen! Oder gäbe es irgend einen heimischen Dynastiespross, dem sie gefallen hätte!", so Anton Kuh. „Alle – Reporter, Behörden und Klatscher schlüpften unter die seidenknisternden Röcke. Die Dame mit Monokel ist zu spät geboren. Das republikanische Wien liegt von Paris entfernter als das kaiserliche. Es liegt jetzt kulturell gerade zwischen München und Budapest."

Droste geht nach New York und spielt dort wie ein tuntiger Nosferatu weiter das Spiel des Exhibitionismus. Da hatte seine Landsmännin, die exaltierte Baroness und Dada-Ikone Amerikas Elsa von Freytag-Loringhoven (1874–1927), die Teelöffel als Ohrringe trug, die Stadt gerade wieder Richtung Europa verlassen. „The Baron Willy Sebastian Knobloch Droste", wie ihn „The New Yorker" im Mai 1925 nennt, macht auf ähnlich kreative Art Gebrauch vom Essbesteck als Performer. In dem androgynen Gespenst mit dunklen Ringen um die Augen, einem Zusammenspiel von Kosmetik und körperlichem Verfall, sehen die Amerikaner eine spezielle Ausprägung von Exotik aus Mitteleuropa. Avantgarde, aber ein bisschen zu viel.

Die Berber lernt im Oktober 1923 in Berlin den amerikanischen Tänzer Henri Châtin-Hofmann kennen. Im Folgejahr heiraten sie, studieren neue Tänze ein und entwickeln das Programm „Tänze der Erotik und Ekstase". Sie besänftigt schon mitunter grölende Männergruppen mit dem Satz: „Seid ruhig, ich schlafe ja doch mit jedem von euch!" Aber allmählich weicht die unbekümmerte Frechheit auf Tourneen nach Holland und in den Nahen Osten der Resignation und Erschöpfung. Während einer Vorstellung in Damaskus bricht sie auf offener Bühne zusammen. Der Rücktransport nach Deutschland, für den Freunde und Kollegen Geld sammeln, dauert wegen ihres miserablen Gesundheitszustandes vier Monate. In Berlin stirbt sie im Bethanien-Krankenhaus in Kreuzberg am 10. November 1928 an Tuberkulose.

Diese Welt zerbricht früher oder später jeden. Wen sie aber nicht brechen kann, den bringt sie um. Und es sind immer die Besten, die es trifft. Die Sehnsucht der Berber nach Geltung war von jener Leidenschaftlichkeit, die nur der Tod beruhigt. Und als sie den Tod kommen spürt, greift sie noch einmal zum Schminkkoffer und sagt: „Der Kerl soll mich schön haben." Im Grunde sei sie „ein einfaches Mädchen gewesen, das von dunklen Lebensgestalten und Mächten gehetzt und getrieben wurde, die sie nie beherrschte", heißt es in einem Nachruf. „Sie war nie die große Lebenskünstlerin, die sie sein wollte." Zu ihrer Beerdigung kommt tout le demi-monde von Berlin, Regisseure, Strichjungen, leichte Mädchen, Herren mit Zylinder, Transvestiten. Als es anfängt zu regnen, muss sich der Trauerzug beeilen. Aber das passt dann wieder. Schließlich hatte sich auch Anita Berber stets beeilt.

Nur einer kommt zu spät, ihr Mann Henri. Als er erscheint, ist die Begräbniszeremonie schon vorbei. Er hat sich verspätet, weil er unbedingt noch ein paar weiße Rosen besorgen wollte.

Leben auf der Überholspur

. . . .

Das rastlose und turbulente Leben der Revuetänzerin Lena Amsel beweist: „Live fast, die young" war keine Erfindung der 1960er-Jahre-Beat-Generation. Amsel hat mit ihrem unwiderstehlichen Charme eine geradezu hypnotische Wirkung auf Männer und neben ihren vier Ehen zahllose Affären, unter anderem mit dem Schriftsteller Louis Aragon und dem Maler Max Ernst. Und sie rast mit einem Bugatti-Sportwagen in den Tod.

Fest steht, dass sie das Leben als eine Art erotischen Leckerbissen verstand. Ungeklärt ist, ob es ein Wettrennen war oder nur ein fatales Überholmanöver der Lady am Volant, die aus Übermut ihren Ex-Geliebten, den Maler André Derain (1880–1954), ausbremsen wollte. Beide waren am 2. November 1929 in zwei Sportwagen des legendären Autokonstrukteurs Ettore Bugatti unterwegs. Der eine Roadster kommt bei der Fahrt von Derains Landsitz bei Barbizon nach Paris im Wald von Fontainebleau ins Schleudern und von der Fahrbahn ab, überschlägt sich und fängt sofort Feuer. Derain kann nur noch hilflos zusehen, wie Lena Amsel und ihre Freundin im Wrack verbrennen.

Bei einem Bugatti-Cabriolet hatte sich auch zwei Jahre zuvor der lange, rote Seidenschal von Isadora Duncan in den offenen Speichen des Rades rechts hinten verheddert und der Tänzerin mit einem einzigen, lauten Knacken das Genick gebrochen. Sie ist auf der Stelle tot. Da beginnt in der Pariser Boulevardpresse eine heftige Diskussion über die Lost Generation, die nur Alkohol, Autos und Exzesse aller Art im Kopf habe – womit vor allem der Jahrhundertchaot, Dandy und Maler Francis Picabia (1879–1953) gemeint ist, dessen Verschleiß an Sportwagen sogar die Zahl seiner Affären übersteigt. In den Zwanzigern trennt er sich von den Dadaisten, „um wieder ein wenig Freude im Leben finden zu können", zieht an die Côte d'Azur, richtet sich ein Schloss ein und widmet sich einem feudalen Lebensstil mit sieben Jachten, 127 Autos, einem Schloss, zwei Ateliers, zwei Frauen, fünf Kindern und rauschenden Festen.

Lena Amsel (1898–1928), Tochter eines jüdischen Fabrikanten aus Lodz, ist Teil dieser mondänen Schickeria. Die einen behaupten, sie sei eine Tänzerin, die eigentlich nicht tanzen kann und in einem Tanzstudio lediglich einmal kurz zugesehen habe. Andere sagen, sie hätte – gemeinsam mit der gleichaltrigen und ebenfalls skandalumwitterten Anita Berber – die berühmte Tanzschule von Rita Sacchetto (1880–1959) besucht.

Nach Wien kommt die gebürtige Münchnerin auf Einladung der Galerie Miethke in der Dorotheergasse 11, wo sie Gustav Klimt, Koloman Moser und Josef Hoffmann bewundern, ehe sie 1908 und 1909 auf Tournee nach Nord- und Südamerika geht und auf Einladung von Loïe Fuller als Solistin in der New Yorker Metropolitan Opera auftritt.

Lena Amsel ist eine Erscheinung wie Anita Berber, nur mollig und als Tänzerin weniger begabt. Sie kommt während des Ersten Weltkrieges über Dresden nach Berlin und ist bald ein bekanntes Gesicht der Bohème rund um die Filmschauspielerin Maria Orska. Hier sucht sie Kontakt zu Varieté, Film und Theater. Hier begegnet sie im Café des Westens dem Theatermagier Max Reinhardt und dem expressionistischen

Lena Amsel: „interessantes Tanzpersönchen" und Teil der mondänen Schickeria

Dichter Karl Gustav Vollmoeller. Der Autor und Filmpionier, der als Talentsucher und -förderer für Tänzerinnen und Schauspielerinnen tätig ist, verschafft der 17-Jährigen zwei Tanzabende im Wintergarten. Es ist zugleich der Beginn einer stürmischen Affäre des um 20 Jahre älteren, verheirateten Mannes, die – neben Lena Amsels eigenen drei Ehen – mit Unterbrechungen fast zehn Jahre dauern wird.

In Wien tritt sie 1918 im Konzerthaus mit Gertrude Barrison auf – in einem von der Wiener Werkstätte entworfenen Papierkostüm. Hier lebt sie mit dem Zeichner Otto Dely (1884–1935) zusammen, der zahlreiche Covers für die Notenblätter von Schlagern wie Hermann Leopoldis Foxtrott „Jede Gnädige, jede Ledige trägt den Bubikopf" (1924) oder Ralph Benatzkys Tango Milonga „Komm in meine Arme, schöne Frau!" gestaltet. In dieser Zeit entwirft Constantin Holzer-Defanti für die Firma Rosenthal eine Porzellanfigur. Das Modell Nr. K. 551 heißt „Der lustige Marsch" und zeigt eine Dame im Hosenkostüm mit Mandoline und Trommel: Lena Amsel.

Sie ist Fatme neben Erik Charell in der Pantomime „Das Abenteuer" im Wiener Ronacher im Juni 1922 und wird von der Kritik als „ungemein interessantes Tanzpersönchen" gelobt, „das himmelhoch aus der Flut der Tanzmädchen" dieser Zeit herausragt. In Wien landet sie durch Sascha Kolowrat-Krakowsky auch beim Film. Zwischen 1917 und 1923 dreht sie zehn Filme wie „Pinselputzi stiftet Unheil und eine Ehe", „Pinselputzi rendevouzelt", „Lenas noble Bekanntschaft" und „Tragödie der Liebe" (1923), unter anderem mit der noch unbekannten Marlene Dietrich.

Gemeinsam mit der Berlinerin steht sie 1927 auch zum ersten Mal in den Wiener Kammerspielen als Schauspielerin auf der Bühne: „Broadway" ist eine derbe Komödie rund um Alkoholschmuggel und Kleinkriminalität. „Sehr herzig und drollig" sei sie, findet das Feuilleton, aber vorerst sei „ihre Bein-sprache die deutlichere". Auch Felix Salten schreibt über ein halbes Dutzend Mädchen, „die nichts anderes zu tun hatten, als zwei oder drei armselige Sätzchen zu sprechen und im Übrigen ihre nackten Beine zu schmeißen".

Dabei wünscht sich Lena Amsel – von der es heißt, sie habe getanzt, „weil sie es wollte, nicht weil sie es konnte" –, als erste Frau den Ozean mit dem Flugzeug zu überqueren und den berühmten ehemaligen deutschen Kampfpiloten Ernst Udet beim Flug nach Amerika zu begleiten. Aber zur gleichen Zeit ist sie in den Kammerspielen engagiert, und das „Prager Tag-blatt" bemerkt süffisant, sie habe wohl als erste Darstellerin in ihrem Kontrakt die Klausel stehen: „Dieser Vertrag kann bei gutem Ozeanwetter sofort gelöst werden."

Aufgrund ihres promiskuitiven Liebeslebens sagt man ihr nach: „Lena lebt vom ‚Amseln'." Aber sie muss auch Hochzeiten geliebt haben. Ist nicht der größte Gefallen, den man einer Frau machen kann, sie zu fragen: „Willst du mich heiraten?". Das hat die Amsel dann vier Mal gemacht: Die erste Ehe mit dem argentinischen Rittmeister Baron Severin dauert nur drei Monate. Hugo Graf Moy de Sons heiratet die Tänzerin vor allem, um seine Eltern, wie man in Adelskreisen sagte, zu agassieren (vom französischen agacer – ärgern).

Lena Amsel vergnügt sich ohnedies weiter mit Vollmoeller. Der schläft auch mit ihrer Freundin Ruth Levy alias Ruth Landshoff, später Gräfin Landshoff-Yorck, Journalistin und Schauspielerin. Und diese Freundin lässt sich wiederum auf ein Techtelmechtel mit dem noch mit Lena Amsel verheirate-ten Grafen Moy ein, der vorgibt, er verdanke sein blendendes Aussehen seiner Großmutter, einer indischen Prinzessin. Als Moy – nach der Trennung von Lena Amsel – im Mai 1926 in der St. Patrick's Cathedral direkt gegenüber dem Rockefeller Center in New York mit Pamela, der Tochter des Großbankiers

James Speyer getraut werden soll, wird die Hochzeit im letzten Moment abgesagt, weil die katholische Geistlichkeit glaubt, die frühere Ehe des Grafen mit Lena Amsel kann nach dem katholischen Kirchengesetz nicht als geschieden angesehen werden. Das entbehrt nicht einer gewissen Komik, weil die Amsel inzwischen in Wien mit dem ehemaligen ungarischen k.u.k. Husarenrittmeister und Piloten Emmerich von Jeszenszky nach katholischem Ritus getraut wurde. Die Wiener Geistlichkeit ist also im Gegensatz zu New York anscheinend der Ansicht, dass die frühere Ehe des Grafen Moy auch nach den Kirchengesetzen wirksam geschieden ist.

Jeszenszky, Amsels dritter Kurzzeit-Ehemann, erfüllt Amsel den Wunsch, einen gewissen Herrn zu strafen, der seine Ehefrau, ihre Freundin Maria Orska, betrogen und geschlagen habe. „Jessy" verpasst dem Herrn im Hotel Adlon zwei Ohrfeigen, was in Berlin großes Aufsehen erregt. Schließlich ist der gewisse Herr nicht irgendjemand, sondern der Bankier Hans von Bleichröder jun. (1888–1938). Auch Jeszenszky heiratet bereits 1927 wieder, und zwar die morphiumsüchtige und oft unglücklich verliebte Schauspielerin Eleonora von Mendelssohn (1900–1951), Patenkind der berühmten Duse.

„Als hätten alle guten Feen an ihrer Wiege gestanden, um sie mit Schönheit, Reichtum und Talent zu segnen", schreibt Elisabeth Bergner über ihre Freundin Eleonora, „und zum Schluss war die böse Fee gekommen, die man vergessen hatte einzuladen, und hatte das unschuldige Kind mit so giftigem Atem angehaucht, dass alle Segnungen zunichte wurden." Die vornehme und hochbegabte Bühnenschönheit, zeitweilig Herzdame von Max Reinhardt und Arturo Toscanini, überlässt Jeszenszky nach der Scheidung 1936 das Seeschloss Kammer am Attersee, wo sie einige Jahre lang Gastgeberin für die internationale queere Szene war. Hier empfängt sie unter anderem

Fritzi Massary, Wilhelm Furtwängler, Bruno Walter, Carl Zuckmayer, Arturo Toscanini, Noël Coward und Marlene Dietrich als Gäste. Die Geschwister Mann sind da, ebenso Horst P. Horst, der Liebhaber von Luchino Visconti, der mit Noël Coward verkuppelt werden soll, Cecil Beaton und Elisabeth Bergner, die von Eleonora umschwärmt wird.

Als auch Amsels Ehemann Nummer 4, Schauspieler Ernst Dumcke, 1927 perdu ist, geht die Amsel nach Paris. Im Montparnasse-Café La Coupole lernt sie Louis Aragon kennen, einen Protagonisten des Dadaismus' und ihre letzte große Affäre, bis Elsa Triolet, die spätere Frau des Schriftstellers, auf der Bildfläche erscheint. Im Buch „Revolutionäre ohne Revolution" beschreibt der Ex-Surrealist und Ex-Kommunist André Thirion die Tricks, die Elsa aufbietet, um den schönen Louis einzufangen, der eben seinen Roman „Der Pariser Bauer" („Le paysan de Paris") veröffentlicht hat. Sitzen gelassen hat den 31-Jährigen gerade die reiche englische Radikalfeministin und Exzentrikerin Nancy Cunard wegen des afroamerikanischen Jazz-Pianisten Henry Crowder (1890–1955). Aragon lässt sich von Lena Amsel trösten, wird aber auch von ihr mit einem Bildhauer betrogen. „In diesen Wirren von Eifersucht und Leiden", so Thirion, nützt Elsa ihre Chance.

Die gebürtige Russin war mit knapp 18 Jahren von einem französischen Husarenoffizier namens Triolet aus den Moskauer Revolutionswirren entführt, über Sibirien und Japan nach San Francisco gebracht und dort geheiratet worden. In Paris trennte sich der Husar von Elsa – für eine Apanage von monatlich 3.000 Francs. „Elsas kleiner weißer Körper" habe ihn „gelangweilt". Fortan sitzt die rothaarige Elsa jeden Abend in der Coupole, wo sie Aragon begegnet. Thirion: „Sie attackierte ihn sofort, fast ohne Scham und mit dem hartnäckigen Eroberungswillen, den sie ihr Leben lang entfaltet hat." Als Aragon für den russischen Dichter Wladimir Majakowski ein

*Plakat des Malers und Illustrators
Walter Schnackenberg von 1918*

Fest gibt – das Grammophon spielt den Hit „Ol' Man River" –, sieht Thirion, „wie Elsa den angebeteten Louis hinter einen Vorhang zieht, sich an Aragons Brust wirft und ihn mit offenen Lippen küsst."

Elsa hat ihr Ziel – fast – erreicht. Sie wusste, so Thirion, „dass sie in ihm einen echten Hunger nach ihrem Körper erwecken musste und konnte ihn ja nicht jeden Abend im Beisein von 25 Personen vergewaltigen." Den Endsieg erringt sie später im Nachtklub Dschungel. Thirion sitzt mit Elsa am Tisch, als Aragon mit Lena Amsel eintritt. Elsa macht den beiden eine Szene: „Aber du liebst doch mich?" Aragon flüchtet, Elsa schickt Thirion ihm nach, „damit er nicht Selbstmord begeht", erscheint kurze Zeit später mit einer stummen Lena an der Hand in Aragons Studio und erklärt: „Lena weiß jetzt, dass ich dich liebe und du mich liebst, und sie ist zu anständig, um mir weh zu tun."

Nach dem Unfalltod im Bugatti nennt Klaus Mann Lena Amsel ein „Genie des Lebens". Er schreibt im Nachruf, in ihrem „hübschen slawischen Gesicht" sei der Mund am schönsten gewesen, „ein unvergesslicher, breiter Mund mit zärtlichen und wehen, etwas aufgesprungenen Lippen". In seinem Roman „Treffpunkt im Unendlichen" (1932) trägt die Figur der Greta Valentin Amsels Züge. Auch Annemarie Schwarzenbach beschreibt Lena in ihrer „Pariser Novelle" (1929) als eindrucksvolle Erscheinung, eine „kleine polnische Jüdin", dunkel mit leuchtend blauen Augen, eine Frau, die Männer sofort verzauberte.

„Ihr Körper war nicht besonders schön, ihre Technik geringer als die eines drittklassigen Tanzgirls", schreibt Ruth Landshoff-Yorck. „Wie eine Wolke umstanden ihre harten dunklen Haare das breite Gesicht", heißt es in ihrem „Roman einer Tänzerin" (1933), der sich wie ein Berliner Pendant zu den Jazz-Age-Romanen von F. Scott Fitzgerald liest. Die Vorlage für die Hauptfigur Lena Vogel ist ihre Freundin Amsel, mit der sie sich delikaterweise zeitweilig denselben Liebhaber – Karl Vollmoeller – teilt.

Alle Welt kennt den „Blauen Engel", den ersten deutschen Tonfilm, in dem eine Jazz-Band auftrat, und die Beine von Marlene Dietrich, aber niemand erinnert sich an Vollmoeller, der in Josef von Sternbergs Auftrag Heinrich Manns „Professor Unrat" zum Drehbuch umgeschrieben hat. Dabei verdankt die Dietrich ihm viel, wenn nicht alles. Er hat sie – damals noch weitgehend unbekannt und alles andere als ein Bühnen- oder Filmstar – für die Hauptrolle im „Blauen Engel" vorgeschlagen, gegen große Widerstände durchgesetzt und ihr damit international zum Durchbruch verholfen.

Auf den tragischen Tod von Lena Amsel reagiert Vollmoeller mit einem Weinkrampf, so emotional ist er noch immer mit ihr verbunden. Eine Trösterin ist unter anderen die 25 Jahre jüngere Ruth Landshoff: Sie lebt immerhin fast sechs Jahre mit ihm zusammen, bevor sie Gräfin Yorck wird. Und sie ist ihm weiter freundschaftlich verbunden, bis zu seinem Tod 1948 in der Hotelanlage seiner Freundin, dem Stummfilmstar der frühen Hollywoodjahre, Alla Nazimova, im Garden of Alla(h)-Hotel in Hollywood. Ruth Landshoff-York hat er sogar zu seiner Nachlassverwalterin eingesetzt.

Ruth Landshoff-Yorck mit Cabriolet und Hund, veröffentlicht im Magazin „Dame"

Eine Ikone
der Weimarer Republik

. . . .

Sogar ein Glühwürmchen hätte in den goldenen Zwanzigern ein Star werden können. Ruth Landshoff-Yorck, die Nichte des Verlegers Samuel Fischer, ist von Anfang an mittendrin unter den Berühmten, spielt schon als Kind Croquet mit Thomas Mann und Gerhart Hauptmann in der Grunewald-Villa ihres Onkels. Sie trägt angeblich den ersten Bubikopf in Berlin, lernt bei Max Reinhardt Schauspiel, tritt in Murnaus Vampir-Gruselklassiker „Nosferatu – eine Symphonie des Grauens" auf und steht in Wien mit Marlene Dietrich auf der Bühne. Und Oskar Kokoschka hat einen Revolver dabei, als er sie zeichnet.

Die kleine Landshoff mit dem Lockenkopf ist jung, schön, begabt, lebt in einer aufregenden Stadt, einer spannenden Zeit. Das Leben ist eine Party. Die Paradiesvögel der Berliner Bohème lieben den schönen Schein, den Glanz der Oberfläche, wollen vor allem Spaß haben, lachen, tanzen, lieben, lügen. Denn schon morgen kann man tot sein. Der Prominentenzirkus hat Hochsaison. Josephine Baker tritt am 14. Januar 1926 im Nelson-Theater am Kurfürstendamm erstmals in Deutschland auf. Während ihres Engagements in Berlin ist sie häufig Gast beim Dichter und Bühnenautor Karl Gustav Vollmoeller. In seiner Wohnung am Pariser Platz stärkt sich die Baker nach der Show mit Wiener Würstel und Erdäpfelsalat.

Wie es dort sonst zugeht, schildert der Publizist und Diplomat Harry Graf Kessler: Max Reinhardt ruft ihn spätabends an, er möge doch auch zu Vollmoeller kommen. „Miss Baker ist da." Kessler fährt also zu Vollmoellers „Harem am Pariser Platz" und findet dort „zwischen einem halben Dutzend nackter Mädchen auch Miss Baker, ebenfalls bis auf einen roten Mullschurz völlig nackt". Die Mädchen liegen oder tänzeln zwischen vier oder fünf Herren im Smoking herum, und „die kleine Landshoff, die wirklich wie ein bildschöner Junge aussieht", tanzt mit der Baker zu Jazzklängen aus dem Grammophon.

Ruth Landshoff (1904–1966) war „im Smoking sehr hübsch, wie ein Junge aussehend, was sie noch durch eine Hornbrille unterstrich und aufgeschminkte Andeutung schwarzen Bartflaums", so Kessler. Mit dem fast 30 Jahre älteren Vollmoeller liiert, lernt sie durch ihn zahlreiche Persönlichkeiten der Berliner Kulturszene kennen und sagt über ihre Kindheit: „Berühmt sein war einfach eine Eigenschaft, wie nett sein oder klug, und eine Tatsache, die nichts an unserem Benehmen änderte."

„Ruth Landshoff. Ein Mädchen aus reichem Hause, verhätschelt, verwöhnt, ein weibliches Gegenstück zu Vollmoeller … Männer und Frauen liebten sie, und sie liebte Männer und Frauen", berichtet der Regisseur Géza von Cziffra. „Ein gertenschlankes Mädchen, das mit Vorliebe Hosenanzüge trug, sich manchmal einen schmalen Schnurrbart malte, um zu zeigen: Seht her – ich bin lesbisch! Ich nannte sie, leicht versnobt, ,Ganymed'. Die Bezeichnung stimmte auch, denn sie diente fast sklavisch ihrem Gebieter."

Sie hat viele Namen: Zuerst heißt sie nach ihrem Vater, dem Ingenieur Eduard Levy, nennt sich dann aber wie ihre beiden älteren Brüder nach ihrer Mutter, der Opernsängerin Else Landshoff. In den turbulenten Jahren der Weimarer Republik ist sie unter dem Namen Rut Landshoff bekannt – Rut ohne das überflüssige „h", wie sie sagt. Sie spielt Tennis und Hockey, fährt Motorrad und ist – wie Erika Mann und Annemarie Schwarzenbach – eine begeisterte frühe Autofahrerin. Ein Foto zeigt sie auf dem Trittbrett ihres weißen Adler Standard 6-Cabriolets sitzend, als sie ihren Hund streichelt. Im Mund steckt eine Zigarette. Sie verkörpert Modernismus und ist die Pionierin eines neuen Frauentyps, selbstbewusst und wild.

Sie pflegt das Image der kapriziösen, androgynen Garçonne mit Kurzhaarschnitt, hat Spaß an der Verwandlung, dem Spiel mit den Geschlechterrollen. Sie liebt hauptsächlich Männer, aber auch Frauen. Vollmoeller ist ihre Langzeitbeziehung. Er macht eines Abends im Schönbrunner Schlosspark in Wien Aktfotos von ihr. Sie rast nackt auf ihrer 5-Zylinder-Megola durch den Park und stellt fest: „Motorrad zu fahren, ohne etwas anzuhaben, fühlt sich wunderbar an."

Nach einer Affäre mit dem skandalumwitterten schwulen Dandy und Cellisten Francesco von Mendelssohn, unter anderen auch Intimfreund des Pianisten Vladimir Horowitz, heiratet die Landshoff Ende 1930 den Kaufmann David Graf Yorck von Wartenburg, der im Zweiten Weltkrieg für die Westalliierten spioniert, wird zur Gräfin Yorck und sieben Jahre später wieder geschieden.

Mit Dorothea „Mopsa" Sternheim (1905–1954), der Tochter des Dramatikers Carl Sternheim, lebt sie eine Zeit lang in einer Art Ehe zusammen. Nach ihrer Emigration in die USA ist sie unter dem Namen Ruth Yorck bekannt, nach dem Zweiten Weltkrieg in Deutschland als Ruth Landshoff-Yorck. Für Paul Valéry sieht sie aus „wie eine Dichterin" – eine Allroundkünstlerin, die als Tänzerin, Schauspielerin, Journalistin, Lyrikerin und Autorin ein intensives Leben führt.

„Ich dachte nie, ich könnte einer Aufgabe nicht genügen", sagt sie später und seufzt dennoch selbstkritisch: „Es hat sich herausgestellt, dass ich zur Schauspielerei nicht das geringste

Talent hatte." Trotzdem wird sie noch im Lyzeum von Friedrich Wilhelm Murnau entdeckt, der sie als Patriziertochter im Stummfilmklassiker „Nosferatu – Eine Symphonie des Grauens" (1922) vor die Kamera holt. Nach einem weiteren kurzen Auftritt im Stummfilm „Die Gezeichneten" (1922) von Carl Theodor Dreyer steht sie noch bis Ende der 1920er Jahre in Berlin und München auf der Bühne.

Und in Wien ist sie im Theater in der Josefstadt zu sehen. In Carl Sternheims Groteske „Die Schule von Uznach oder Die neue Sachlichkeit" (1927) werden Mädchen bei rhythmischer Gymnastik dazu erzogen, Angelegenheiten der Liebe nicht mehr als Herzensangelegenheiten, sondern als kühle arithmetische Formeln zu betrachten. Ein allerliebstes Gänschen aus der Provinz besiegt den falschen Zauber. Nun beginnt ein allgemeines Wettlaufen um den Mann …

Ruth Landshoff hat die Rolle der Maud Panhorst, der Erbin riesiger Stahlwerke in Amerika. Als Schülerin Thylla Vandenbergh ist eine junge, noch kaum bekannte Schauspielerin zu sehen, deren Entdeckung die Landshoff später für sich reklamiert: Marlene Dietrich. Landshoff behauptet, weder der Komponist Friedrich Hollaender noch der Regisseur Josef „Joe" von Sternberg hätten Marlene in der Rolle der Lola-Lola in „Der blauen Engel" gesehen, sondern sie selbst habe Sternberg auf Marlene hingewiesen: „Sie ist nett. Und nicht arrogant. Auch nicht besonders ehrgeizig. Sie weiß noch gar nicht, wie sie aussieht. Hübsche Stimme und die Sorte Beine, an der die Hand gern entlanggleitet." Ruth ging mit Joe tanzen und habe somit „gewissermaßen Marlenes Zukunft ertanzt".

Eines Tages steht Oskar Kokoschka – nicht vor der Tür. Nein, mit einem großen Zeichenblock unter dem Arm plötzlich im Zimmer. Denn wenn Vollmoeller die Glocke in seiner Wohnung auf dem Pariser Platz nicht hört, steigen seine Freunde einfach durch das Fenster im Erdgeschoß ein. Kokoschka, das ungezügelte Enfant terrible der Wiener Kunstszene, hatte gedroht, sich zu erschießen, wenn sich die junge Landshoff nicht von ihm zeichnen lässt.

Der Hausherr ist nicht begeistert: „Warum, wozu, was soll das, höchst unnötig." Sie aber mag „Koko", sein Gesicht, die ruhigen Augen, den unruhigen Mund, die staubhellen Haare, die niedrige Stirn, das Jungenhafte in dem Gesicht und die manchmal müde Melancholie. Als er am Abend wortlos auftaucht, sagt Vollmoeller schlecht gelaunt: „Was ist denn das für eine Art, einfach hier so einzubrechen?" Kokoschka sagt nichts, setzt sich, legt einen Revolver vor sich auf den Tisch und fängt an.

„Koko zeichnete in wilder Eile. Er schaute mich nicht an, als ob ich ein Mädchen wäre, sondern wie man ein Haus anschaut oder einen Baum. Mein Hund hatte nur einmal kurz gebellt und schlief wieder. Mir wurde die Stille allmählich langweilig, und ich schlief auch ein", schreibt Ruth Landshoff später. „Ich wachte davon auf, dass Koko den Block zuklappte. Er stand auf und sagte: ‚Danke, küß' die Hand.'" Er steckt den Revolver wieder in seine Jackentasche, Vollmoeller sagt zu ihm: „Diesmal durch die Tür, bitte!" und begleitet ihn hinaus. Als sie wieder allein sind, sagt er zu ihr: „Er war im Krieg verwundet, das wusstest du wohl nicht. Kopfschuss." Sie antwortet: „Schön, dass es ihm nicht geschadet hat. Ich meine: Man merkt doch nichts davon, oder?" Er lacht: „Nein. Ein außerordentlich begabter Maler." Heute hängt „Kokos" Bildnis des kleinen, wilden Mädchens aus den Berliner Jahren im Metropolitan Museum New York.

Als Charlie Chaplin von 10. bis 15. März 1931 bei seinem Besuch in Berlin im Hotel Adlon wohnt, trifft er Marlene Dietrich im Salon. Die Landshoff betreut ihn, liest seine Post –

Ruth Landshoff-Yorck, gezeichnet von Oskar Kokoschka

„Tausende von Liebesbriefen jeder Art" – und verfasst die deutschen Zwischentitel zu seinem Stummfilm „Goldrausch". Für André Gide, die kontroversiellste, am meisten bewunderte und am meisten gehasste Figur des literarischen Lebens eines halben Jahrhunderts, hat sie keine Sympathien und denkt sich bei einer Begegnung: „Wenn Sie wüssten, Monsieur Gide, was ich über Sie weiß, würden Sie mir nicht Ihr würdiges, Respekt heischendes Gesicht hinhalten, sondern eher ein verlegenes." Denn Gide hatte ihrem Dichter-Freund Vollmoeller Liebesbriefe geschickt.

Mit dem Schreiben fängt sie an, um der Langeweile zu entkommen. Als Reporterin und Kolumnistin liefert sie ab den späten 20er Jahren Reportagen, Berichte, literarische Skizzen, Reiseimpressionen und Kurznovellen vor allem für die illustrierte Mode-Zeitschrift „Die Dame", damals das Zentralorgan großstädtischer Eleganz in Deutschland, aber auch für die deutsche Ausgabe der „Vogue", „Sport und Bild", die „Berliner Illustrirte Zeitung", „Tempo" und die „Literarische Welt". Zeitgeistig und authentisch charakterisiert sie die neue „Weibliche Höflichkeit", schreibt über die „Leichtigkeit zu Küssen" und sinniert darüber, „Was kein Mann kann", die Kunst des Flirtens, Mode, das Nachtleben, „Grammophonsnobs" und gibt sarkastische „Ratschläge für die Winterreise". Das Hier und Jetzt wird hemmungslos gefeiert, Tieferschürfendes kommt nur am Rande vor. „Wozu lebt man – und wozu, da man doch weiß, dass diese Frage nicht zu beantworten ist, stellt man sie?", heißt es in einer unbeschwerten „Sommernovelle".

Im Romanerstling „Die Vielen und der Eine" mit französischen Einsprengseln, einer Episode unter Oxford-Studenten und New Yorker Sehnsuchtsphantasien tummeln sich reiche, spleenige Leute und schräge Vögel. Und auch der Roman „Das Leben einer Tänzerin" hat eine reale Person zur Vorlage: die lebenshungrige Tänzerin Lena Amsel.

Im Berlin der 30er Jahre fühlt sich die Landshoff-Yorck „mit verschlossenem Augen und verschlossenem Mund wie einer dieser chinesischen Affen". In Deutschland hält sie nichts mehr. Mopsa Sternheim schreibt in ihr Tagebuch in Paris: „Ruth Landshoff-Yorck lebensstrotzend, sympathisch, sich wie ein nassgewordener Pudel unter den deutschen Peinlichkeiten schüttelnd ..."

Ab März 1937 lebt sie in den USA, gilt dort als „exiled Countess" und findet innerhalb kurzer Zeit Zugang zum literarischen Leben ihrer neuen Heimat. Sie verfasst Artikel und Gedichte für amerikanische Zeitschriften, wendet sich politischen Themen der Emigration zu und sieht sich im Rückblick auf die Zeit vor dem Faschismus als „das absurde junge Mädchen, das seine Zeit nicht begreift." Aber jetzt engagiert sie sich im literarischen Kampf gegen den Nationalsozialismus, verfasst Radiostücke und Erzählungen, arbeitet als Sprecherin für den Radiosender „Voice of America", der – 1942 vom Büro für Kriegsberichterstattung gegründet – Programme für die von Deutschland besetzten Teile Europas produziert, und wird Mitarbeiterin des „Office of War Information" und anderer Einrichtungen, die gegen den Faschismus kämpfen.

Sie veröffentlicht gemeinsam mit zwei amerikanischen Co-Autoren den Kolportagekrimi „The Man Who Killed Hitler". „Sixty to Go. A Novel of the Riviera Underground" (1944) thematisiert die Fluchthilfe in Südfrankreich durch die Gruppe um Varian Fry, die gefährdeten Emigranten half, die Pyrenäen zu überqueren. „Lili Marlene" (1945), das fiktive Tagebuch einer nationalsozialistischen Mitläuferin, die erst nach der Ermordung ihrer beiden Kinder anfängt zu begreifen, dass sie sich dem Regime widersetzen muss, wird zum Bestseller.

Die Landshoff-Yorck arbeitet als Übersetzerin für Rundfunk, Fernsehen und Theater. Sie gilt als „Poet-Lady", als eine zentrale Figur in der Beat-Poeten-Szene von Greenwich Village, die sich ganz der Avantgarde verschrieben hat. Sie trifft unter anderem Andy Warhol und Patricia Highsmith und hilft jungen Kollegen und Dramatikern wie dem später weltberühmten Edward Albee durch ihre Kontakte. Sie schreibt mehrere gesellschaftskritische Stücke, von denen einige in kleinen Off-Broadway-Theatern aufgeführt werden. Etwa „Lullaby for a Dying Man", das zwei Tabus thematisiert: Homosexualität und die Todesstrafe. In anderen Texten bearbeitet sie aktuelle US-amerikanische Themen wie Rassismus und McCarthys Kommunistenhetze.

Viele Theaterleute, mit denen die Emigrantin arbeitet, sind schwul. „Sie sind fasziniert", schreibt der Biograf Thomas Blubacher, von „ihrer Vergangenheit im Berlin der zwanziger Jahre, wo Freiheiten existierten, für die hier erst noch gekämpft werden muss."

Ehe die Landshoff-Yorck am 19. Januar 1966 während einer Theateraufführung von „Marat/Sade" von Peter Weiss (einem Emigranten wie sie) an einem Herzinfarkt in New York stirbt, erscheinen noch biographische Impressionen: „Klatsch, Ruhm und kleine Feuer", eine Porträt-Sammlung von Personen, die sie einmal gekannt hat, unter anderem Charlie Chaplin, Annemarie Schwarzenbach, Jean-Paul Sartre und Arturo Toscanini. Und die New Yorker deutsch-jüdische Zeitung „Aufbau" charakterisiert sie in einem Nachruf als „schön, klug, unternehmend, vorurteilslos".

Grande Dame
des Chansons

. . . .

Alle kennen Marlene Dietrich. Aber die Berlinerin hat sich ihre erotisch-rauchige Laszivität von einer Wienerin abgeschaut: Greta Keller ist als Österreichs berühmteste Diseuse bereits Mitte der 30er Jahre weltbekannt, singt dies- und jenseits des Atlantiks polyglott: englisch, französisch, italienisch und deutsch – vor allem wienerisch in jener elegant-nasalen Färbung, die man nicht erlernen kann, die man ererbt haben muss. Ihre Welt: Chanson, Musical-Song, Wienerlied. Und die Küche. „Love makes you hungry" ist kein Schlager-Titel, sondern der ihres Kochbuches, das in den USA mit der Ankündigung erscheint: „Die Keller singt in fünf Sprachen und kocht in fünfzehn."

„Wenn die Sonne hinter den Dächern versinkt", „Ich weiß nicht, zu wem ich gehöre", „Everytime We Say Goodbye", „Geh schlafen mein Junge" … Die Evergreens beschwören eine Welt, die es vielleicht niemals gab, nach der sich jedoch jeder zu sehnen beginnt, der Greta Keller (1903–1977) singen hört. Noch in den 1970er Jahren erzählt sie von ihrer großen Zeit am Broadway, als dort ihre Aufnahme von „Drunt' in der Lobau" wegging „wie die heißen Semmeln" – als Leonard Bernstein sie ein „zeitloses Wunder" nannte.

Große Komponisten schreiben Melodien für die gebürtige Wienerin, Schlager, die von der Liebe erzählen. Oder von Dingen, denen ihre Liebe gehört, „Die blaue Stunde" zum

Beispiel. Am berühmtesten ist das bittersüße „Thanks For The Memory". Sie wird als „Königin der Schallplatte" vermarktet. Sie nimmt ihre Songs, heute als nostalgische Raritäten auf CDs konserviert, ernst, aber nie zu ernst. Sie ist sentimental, aber nie rührselig, gefällig, aber nie kitschig. Ihr G'spür für Sinnlichkeit, Witz, Scharfsinn und lässige Grandezza hat Vorkriegsqualität.

Mit zwölf Jahren steht sie in einer kleinen Bubenrolle zum ersten Mal auf der Bühne im Wiener Volkstheater. In den Kammerspielen spielt sie im September 1927 mit einem Chorgirl eine erste Soloszene. Das Gangsterstück heißt „Broadway", das Chorgirl Marlene Dietrich. Nur vier Jahre später schreibt das „Wiener Tagblatt": „Diese Stimme streichelt alle Sorgen und Leiden weg. Grammophonspielen ist für viele Leute nicht bloß Vergnügen, sondern Medizin gegen schlechte Laune, gegen revoltierende Nerven. Und Greta Keller ist die beste Medizin."

Joe Sargent, ein gastierender amerikanischer Jazzsänger, bald ihr Varieté-Partner und erster Mann, schubst sie via Paris, London und New York in die Sängerinnen-Karriere. Das Paar zieht nach Los Angeles in ein Haus am Rande Hollywoods. Der emigrierte Sänger und Komponist Walter Jurmann wird dort ihr Manager. Sie dankt es ihm mit Plattenaufnahmen seiner Lieder. Auf Konzerttourneen durch Europa ist Peter Kreuder ihr Pianist.

1935 tritt die Diseuse mit der weichen, dunklen Stimme in den USA neben Fred Astaire im Musical „The Forth Little Show" und in Radioshows („The Ponds Hour", „The Personality Trio") auf, gestaltet Bühnenshows mit einer Bigband und abendfüllende Programme. Nach dem frühen Tod von Joe Sargent verlässt sie Los Angeles und geht wieder auf Konzertreisen. Sesshaft wird sie schließlich in New York, wo sie 1940 das Restaurant „Chez Greta" im Algonquin Hotel eröffnete.

Greta Keller, berühmt für das bittersüße „Thanks For The Memory"

Zu Gast sind neben Rundfunkhörern, die ihre Radiosendung „Walzer in der Küche" hören, Cole Porter, die alte Freundin Marlene Dietrich, Vivian Leigh, Greta Garbo, die Opernsängerin Marian Anderson, Noël Coward, Igor Strawinsky, Hoagy Carmichael und viele andere.

Doch das Glück ist nicht von Dauer. Nach nur kurzer Ehe mit dem 28-jährigen Schauspieler David Bacon, der im September 1943 tragisches Opfer eines nie aufgeklärten Mordes wird, erleidet sie eine Fehlgeburt und zieht sich längere Zeit zurück. Nach Ende des Zweiten Weltkrieges startet sie ihre Gesangskarriere aufs Neue, produziert etliche Schallplatten und geht in den 60er Jahren wieder auf Tournee.

1972 ist Greta Keller nochmals im Kino zu hören: Auf dem Soundtrack zum berühmten Bob-Fosse-Musical „Cabaret" mit Liza Minelli, Fritz Wepper und Michael York erklingt noch einmal ihre tief swingende, so vieles nur andeutende Stimme mit dem sentimentalen Chanson „Heirat", dessen Text sie auch verfasste. Regisseur Bob Fosse wollte sie unbedingt für den Film gewinnen, da sie für sein Gefühl „the sexiest voice" des 20. Jahrhunderts hatte.

Als sie in Wien stirbt, weiß niemand, dass sie 74 Jahre alt war, kokettierte sie doch schon beim Titel eines Potpourri-Albums mit ihrem Alter: „Bis auf Widerruf 38". Die sich an sie erinnern, behalten ihre Lieder im Herzen. Thanks for the memory …

Marlene Dietrich habe bei ihr Gesangsunterricht genommen, hieß es. „Aber dann würde sie nicht so schlecht singen", soll die Keller kurz vor ihrem Tod gesagt haben. Doch hatte die Mädchenfreundschaft ein halbes Jahrhundert vorher nachhaltigen Einfluss auf den Gesangsstil der Dietrich. Wie die zwei Jahre jüngere Schauspielerkollegin mit rauchgetönter Kehle ganz sentimental oder verwundert ironisch ausholt, wie sie mit kühlem Blick Herzen bricht und Köpfe vernebelt, das hat die Dietrich geradezu kopiert und wird damit, wie man in Amerika sagt, „a star bigger than life". Sie übernimmt auch etliche Chansons der Keller in ihr Repertoire, die irrtümlich als „Dietrich-Lieder" gehandelt werden.

Der Grundstein für den Aufstieg der Berlinerin vom Aschenputtel zur Leinwandgöttin liegt in Wien. „Verliebt in Sie war ich schon, noch ehe alle Welt dies war", schreibt der Theaterkritiker und Feuilletonist Alfred Polgar viele Jahre später an die Göttin in Hollywood. Ihre „seltsame, fesselnde Schönheit" lässt ihn schon 1927 in Wien den allerersten Marlene-Dietrich-Fanclub im Café Herrenhof gründen. Zu einer Zeit, als sie noch kein Star, sondern „nur ein Girl unter Girls" im amerikanischen Reißer „Broadway" von Philipp Abbott und George Dunning in den Wiener Kammerspielen ist.

Deren Direktor Franz Wenzler hatte sich Marlene Dietrich aus vielen Bewerberinnen beim Casting in Berlin für Wien ausgesucht: Marlene Dietrich gibt für 15 Schilling pro Vorstellung im September 1927 in „Broadway" eines von fünf tanzenden und singenden Girls: Ruby macht einem bösen Buben geistesgegenwärtig im kritischen Moment den Garaus, indem sie die Kanaille ziemlich emotionslos mit dem Revolver niederschießt. Mehr noch als von der Anmut der Schauspielerin ist Alfred Polgar von ihrer „Passivität im Augenblick, dieser seltsamen Ruhe im Affekt" beeindruckt, von der zurückgenommenen Mimik und Stimme der Berlinerin, ihrer Technik der „verhaltenen Empfindung" und scheinbar „absichtslosen Wirkung".

In „Broadway", einem „amerikanischen Zeitbild", steht 1927 in Wien auch ein gewisser Peter Lorre, als László Loewenstein geboren, auf der Bühne, unvergessen als unheimlicher Psychopath und Triebtäter in Fritz Langs „M – Eine

Stadt sucht einen Mörder" (1931) und später als Charakterdarsteller von oft zwielichtigen Gestalten unter anderem in „Die Spur des Falken", „Casablanca" und „Arsen und Spitzenhäubchen" ein Hollywood-Star.

In den Kammerspielen sieht man die Dietrich auch in der Operetten-Nachtvorstellung „Wenn man zu dritt ..." in der Rolle als Mädchen Claude, das sich für eine verheiratete Frau ausgibt. Und sie ist auch sonst in Wien sehr präsent. Im Sommer war Gustav Ucickys Stummfilm „Café Elektric" entstanden, mit Willi Forst, dem künftigen Star des Wiener Films, als Partner der Dietrich. Und drei Tage nach der Uraufführung, am 25. November 1927, hat im Theater in der Josefstadt Carl Sternheims Lustspiel „Die Schule von Uznach oder Neue Sachlichkeit" Premiere – mit Marlene Dietrich als Thylla Vandenbergh. Carl Vollmoeller, der Verfasser des Spektakelwelterfolgs „Das Mirakel" und 1929 an der Entstehung des Drehbuchs zum Film „Der blaue Engel" wesentlich beteiligt, stürzt sich nach der Vorstellung ins Wiener Nachtleben, gemeinsam mit dem Journalisten und Autor Felix Salten, der über die Dietrich in der „Neuen Freien Presse" schreibt: „Schöne triebhafte Weibsjugend, die gedankenlos plappert."

Marlene Dietrich ist „Die Frau, nach der man sich sehnt" (1929), Vamp und Hauptdarstellerin in ihrem letzten Stummfilm nach einem Roman von Max Brod. Das ganz große Glück für die Dietrich ist allerdings der Hollywood-Regisseur Josef von Sternberg (1894–1969), übrigens ein Wiener. Karl Vollmoeller legt sie ihm ans Herz, überzeugt ist der aber erst nach Probeaufnahmen mit der immerhin bereits 28-Jährigen, als sie dasitzt mit übereinander geschlagenen Beinen, Zylinder und Strapsen. Als sie den schäbigen Flitter, den alkoholisierten Leichtsinn, die Tieftraurigkeit der Nachtschattenexistenzen verkörpert und singt:

Ich bin die fesche Lola,
Der Liebling der Saison!
Ich hab' ein Pianola
Zu Haus' in mei'm Salon.
Und will mich wer begleiten
Da unten aus dem Saal,
Dem hau' ich in die Seiten
Und tret' ihm aufs Pedal!

„Je vulgärer sie als Lola-Lola zu sein hatte, je frecher die Geste, mit der sie die Strumpfbänder schnappen ließ, desto zurückhaltender wurde Marlene", berichtet Ruth Landshoff-York. „Sie entwickelte damals allmählich jene geheimnisvoll lächelnde Überlegenheit, die nicht alle hübschen Frauen aufweisen, wohl aber solche, die sich ihres Reizes für einen Mann oder für viele Männer bewußt werden." Sternberg begründet mit dem Ufa-Tonfilm „Der blaue Engel" ihren Weltruhm. „Keine Frau ist gegenwärtig so populär auf der ganzen Welt wie Marlene Dietrich", schreibt die „Wiener Sonn- und Montags-Zeitung" am 4. August 1930.

Am 1. April 1930 findet die Uraufführung der Verfilmung von Heinrich Manns Roman „Professor Unrat" statt: „Der blaue Engel", der ein Emil-Jannings-Film werden sollte und ein Marlene-Dietrich-Film wird, weil sie in der Rolle der lasziven Varieté-Sängerin Lola-Lola, die den Professor sanft, aber unnachgiebig zugrunde richtet, jung und sehr erotisch wirkt, wenn sie Friedrich Hollaenders Lied haucht, das sie unsterblich gemacht hat: „Ich bin von Kopf bis Fuß auf Liebe eingestellt".

Das Echo ist enorm – und trägt schon bis nach Hollywood. Aber anders, als die Legende es will, war sie keineswegs aus dem Nichts vor Sternbergs Kamera getreten, um sich die Titelrolle im „Blauen Engel" zu angeln. Vielmehr hatte sie acht Jahre lang, von Anfang 1922 bis Ende 1929, beharrlich ihren Aufstieg zu den höheren Rängen des Stummfilms und der Sprechbühne betrieben. Sie war zuletzt „Die Frau, nach der man sich sehnt", hatte Erfolg in Maurice Tourneurs Streifen „Das Schiff der verlorenen Menschen" und diversen Theaterrollen.

Wenn ich mir was wünschen dürfte,
Käm' ich in Verlegenheit,
Was ich mir denn wünschen sollte,
Eine schlimme oder gute Zeit.

Zweimal, 1930 und 1960, hat sie dieses Friedrich-Hollaender-Lied eingespielt. Dazwischen liegen ein Krieg, eine verlorene und zerstörte Heimat und viele Jahre des Herumgetriebenseins. All das steckt in dieser Interpretation. „Selbst wenn sie nichts als ihre Stimme hätte, sie könnte dein Herz brechen", sagte Ernest Hemingway über die Dietrich. Und sie selbst, lebenserfahren und lakonisch, meinte: „Wissen Sie, man fühlt sich eigentlich immer gleich jung – nur strengt es mit der Zeit doch etwas mehr an." Aber je älter sie wird, umso mehr umweht sie der kalte Wind der Einsamkeit. Denn manchmal ist es hart, ein Mensch zu sein, wenn man gleichzeitig eine Illusion ist.

Wenn ich mir was wünschen dürfte,
Möcht' ich etwas glücklich sein,
Denn wenn ich allzu glücklich wär',
Hätt' ich Heimweh nach dem Traurigsein.

Wien bei Nacht

· · · · · · · · · · · · · · · · · ·

Die Bar ist der Ort, wo die Nacht endet. Wo man sitzt und schaut und zuhört, weil nichts Besseres zu tun mehr übrig bleibt. Die Bar gibt den Menschen der Großstadt ein letztes Ziel. Wo hat sich die Bourgeoisie seinerzeit amüsiert? Ein Blick zurück in das Wiener Nachtleben von anno dazumal mit amüsanten Episoden.

Der Prinz legt Wert auf strengstes Inkognito. Seine königliche Hoheit trifft im Salonwagen aus Kitzbühel am Wiener Westbahnhof ein und bezieht im Hotel Bristol zehn Zimmer des Fürstenappartements. Der Prinz von Wales, ein knappes Jahr später Kurzzeit-König Eduard VIII., macht im Februar 1935 einen Spaziergang über Graben und Kärntnerstraße und nimmt nach dem Shopping den Tee im Hotel Sacher. Am Abend soupiert er bei den Drei Husaren, besucht die Nachtvorstellung in der Femina-Bar und beschließt den Tag in der nur einen Steinwurf entfernten Kaiserbar, wobei sich der Brite „als brillanter Walzertänzer" erweist, wie das „Wiener Salonblatt" meldet.

Die Kaiserbar (Krugerstraße 3), 1904 von Isabella Beer an der Stelle der stadtbekannten Rheinweinstube als „Original American Bar" ins Leben gerufen und 50 Jahre lang geführt, ist mit ihrem Gelben Salon eines der nobelsten Nachtlokale Wiens, das unter anderem Maria Orska, Marlene Dietrich, Max Reinhardt und Arturo Toscanini besuchen. Eine schillernde Persönlichkeit ist auch eine Tochter der Barbesitzerin: Die attraktive, gebildete und emanzipierte Friederike Maria Beer (1891–1980), ist – stets extravagant gekleidet – eine wan-

Als „Original American Bar" 1904 gegründet: die Kaiserbar in der Krugerstraße 3

delnde Werbung für die Wiener Werkstätte. Mit dem jungen Maler und Schiele-Schüler Hans Böhler (1884–1961) liiert, den sie seit Kindertagen kennt, lässt sie sich 1914 von Egon Schiele um 600 Kronen malen.

Eineinhalb Jahre später wird sie Gustav Klimt vorgestellt. Als ihr Böhler, ein Spross der Stahlindustriellen-Familie, eine Perlenkette schenken will, wünscht sie sich stattdessen, von Klimt porträtiert zu werden, und sitzt ihm in einer Jacke der Wiener Werkstätte drei mal drei Stunden pro Woche in seinem Hietzinger Atelier in der Feldmühlgasse 11 Modell. Das Porträt bezahlt Böhler: 20.000 Kronen.

„Fast hätte Beer auch ein Bildnis von Oskar Kokoschka bekommen", sagt der Kunsthistoriker Tobias G. Natter. „Der hatte sogar schon zugesagt, kam aber durch den Krieg nicht mehr dazu." Von 1918 bis 1920 arbeitet Beer in der Galerie von Gustav Nebehay, ordnet und stempelt die Zeichnungen in Klimts Nachlass. In den 1920er Jahren lebt sie während einer kurzen Ehe mit dem italienischen U-Bootkapitän Emanuele Monti auf der Insel Capri, wo das Paar ein Hotel und das legendäre Künstlerlokal Kater Hiddigeigei führt. Die ehemalige Bier- und Teestube im Parterre des Palazzo Ferraro hat seinen Namen aus der Einleitung zu Joseph Victor von Scheffels Versepos „Der Trompeter von Säckingen".

Beer-Monti lernt nach ihrer Rückkehr nach Wien Hugh Stix, einen jungen Kunstgeschichte-Absolventen aus Harvard, kennen. Mit ihm gründet sie, nachdem sie 1931 nach New York ausgewandert ist, das Non-Profit-Unternehmen „The Artist's Gallery" nach dem Vorbild der Secession. Sponsoren sind namhafte Familien wie die Rockefellers und Mellons, zu denen Stix Kontakt hat. „Die Galerie war nach 1938 für viele österreichische Künstler wie den Wiener Expressionisten Max Oppenheimer, die von den Nazis ins Exil getrieben worden waren, eine wichtige Anlaufstelle", so Natter. Die Galerie in Manhattan bot aber auch damals noch unbekannten Malern wie Willem de Kooning, Adolph Gottlieb und Ad Reinhardt erste Ausstellungsmöglichkeiten.

Neben ihrem Porträt besaß Beer-Monti auch eine Attersee-Landschaft von Klimt: „Schloss Kammer am Attersee II" aus dem Jahr 1909 (bei Christie's 1997 um 19,2 Millionen Euro versteigert). Beide Werke stellte sie gemeinsam mit dem Schiele-Bildnis für die Neueröffnung der modernen Abteilung der Österreichischen Galerie 1929 leihweise zur Verfügung. Ihre beiden Porträts verlieh sie auch 1965 dem New Yorker Guggenheim-Museum für die erste Ausstellung, die ein amerikanisches Museum Egon Schiele und Gustav Klimt widmete.

Wien bei Nacht ist lange eine Stadt der Toten, da der Tod bekanntlich der Bruder des Schlafes ist. Und die Wiener? Die fallen in den Schlaf der Gerechten, und zwar so fest, als ob es gar keine Ungerechten gäbe. Lange gehen Sehnsucht, Liebe und Hass schon um 22 Uhr zu Bett. Girardi singt ein Couplet, das die Verhältnisse treffend beschreibt:

Schon um zehn wird Ruh' gemacht,
Jedes Haustor zugemacht,
Und die Großstadt schlummert langsam ein.
Finster alle Gassen.
Hell sind nur die Kassen,
Damit's leichter auszuplündern sein.
Auf dem Ring ist's traurig,
Selbst der Wind heult schaurig.
Nur im Grand Hotel herrscht Trubel drin.
Dort hat man vernommen,
Es soll ein Fremder kommen.
Sehen S', so heiter ist das Leb'n in Wien!

Philipp Brady gibt der Wiener Fröhlichkeit eine persönliche Note. Als der Erfinder des Wiener Nachtlebens im November 1907 stirbt, sind die Nekrologe erstaunlich kurz und tränenleer. Nur das „Neue Wiener Journal" würdigt ihn als Begründer der Wiener Nachtlokale. Er habe „den Wienern mehr Gelegenheit zum Drah'n gegeben". Mit den Schrammeln produziert sich Brady, ursprünglich Friseur-Gehilfe, zunächst als Sänger mit einschmeichelndem Tenor in Nußdorf und Grinzing, wo Wein, Weib und Gesang beim Heurigen alle Sorgen einschläfern und die Herzen auch mit der nötigen Wehmut versorgen. Sentimentalität gehört nun einmal zum Leichtsinn des Wieners, sonst kann er seines Lebens nicht recht froh werden.

Brady hat die Idee, die Vorstadtfröhlichkeit in die Innenstadt zu verpflanzen. Warum sollen Urwüchsigkeit, Bodenständigkeit und lachender Frohsinn nicht auch dort gedeihen? Brady wird mit dem im ehemaligen Gasthaus Zum Blumenstöckl nach ihm benannten Wintergarten (Ballgasse 6) rasch populär und wohlhabend. Denn bei ihm wird nicht mehr nur ein Viertel Wein getrunken, eines Tages entdeckt man den

Champagner. Und plötzlich klingt's von allen Tischen: „Drah'n mer auf und drah'n ma um, was liegt denn dran. Weil man's Geld auf dieser Welt nicht fressen kann …"

Das Wiener Nachtleben blüht auf. Neue Etablissements heißen Maxim, Süßes Mädel, Moulin Rouge, Trocadero – eines eleganter als das andere. Da sitzen Aristokraten, Offiziere, Großindustrielle, Professoren, einfache Bürgerliche, ehrsame Frauen und alleinstehende Damen nebeneinander, die Herren meist in Frack, die Damen „aufgebrezelt" im schönsten Dekolleté und mit enormen Hüten. Und die zufällig hereingeschneiten Spießer singen: „Heut' san mir amal schlimm". Da gibt es keinen Standesunterschied, keine Religion, keine Politik, die beiden Kuppler Musik und Wein egalisieren alles. Und wenn die Zecher gegen fünf oder sechs in den grauen, nebeligen Morgen treten, begreifen sie, dass der Tod infolge langsamen Verblödens eine schöne Sache ist.

Aus Bradys Lokal wird das literarische Cabaret Nachtlicht, das ab 1906 Autoren und Künstler wie der letzte Wiener Bohémien Peter Altenberg, der Karikaturist und Bänkelsänger Karl Hollitzer, der Schriftsteller, Operettenlibrettist und Filmpionier Felix Dörmann, Karl Kraus und Egon Friedell kurz hell leuchten lassen, ehe es bald wieder verlöscht.

Anton Ronacher baut schon 1887/88 für zwei Millionen

Cabaret Nachtlicht in der Ballgasse 6

Apollo, 1904 eröffnet, heute ein Kino

Gulden mit Kredit das Concert- und Ballhaus Ronacher mit Restaurant, Ballsaal, Hotel und Theater. Ben Tieber (1867–1925) bringt ins 1904 eröffnete Apollo (heute Apollo-Kino), das „vornehmste, schönste und größte Varietétheater der Residenz", internationale Stars wie Yvette Guilbert, Cléo de Mérode, Gaby Deslys, Saharet, den französischen Filmkomiker Max Linder (das Vorbild für Charlie Chaplin), den ungarischen Operettenstar Sári Fedák, die Berlinerin Trude Hesterberg, die Ausdruckstänzerin Grete Wiesenthal und die exotische Mata Hari, was in der indisch-malaiischen Sprache „Auge der Morgenröte" bedeutet. Tieber sorgt für Furore, als er die umstrittene Barfußtänzerin Olga Desmond nach Wien holt, was ihm den Spitznamen „Nuditätenspezialist" beschert. Er kauft 1911 die erste Villa von Otto Wagner in Penzing (Hüttelbergstraße 26), später als „Ernst-Fuchs-Villa" bekannt.

„Wien hat kein Nachtleben", heißt es ironisch in der Wochenzeitschrift „Wiener Caricaturen" 1908. Dabei sucht sich das Kabarett nach der Jahrhundertwende immer neue Keller. Und die Operette, an deren Totenbett man schon jammernd und klagend gestanden hat, erblüht zu jungem Leben. Mit Johann-Strauß-Theater, Raimund-Theater, mit Varietés und Kabarett spielt man in Wien bereits auf zehn Bühnen Operetten und Operetterln. Anfang der 20er Jahre sind Begeisterung und

Neugier auf das Neue und Fremde groß. Außerdem suchen die Menschen auch in vielen Tanzlokalen, Cafés und im noch jungen Kino Zerstreuung, Ablenkung von der Vergangenheit, in der es nur Elend und Krieg gab.

Im Bierkabarett Simplicissimus (Wollzeile 34) ist die Wiener Diseuse Mela Mars (1882–1919) während des Ersten Weltkrieges ein Star. Mit ihrem Mann, dem Komponisten und Klavierbegleiter Bela Laszky, unternimmt sie sogar Gastspielreisen bis nach Amerika und Kuba. Als „Wiener Yvette Guilbert" ist sie umjubelt – und Egon Dorn im Simpl der zufriedenste Direktor der Welt und kabarettistischen Unterwelt.

Fritz Wreede gibt den geistreichen Stegreifplauderer (Fachausdruck: „Schmuser"): Er verkörpert im Simpl den Typus des fast schon übereleganten Conférenciers, und Paul Morgan den des witzigen, sich und das Publikum frotzelnden Humoristen. Morgan erzählt seine privaten und familiären Angelegenheiten, dazwischen drollige Anekdoten und kleine Zoten, richtet die Kollegen, den Direktor, die Zuhörer aus und das alles mit so unsäglich harmloser Miene, dass man ihm gar nichts übelnimmt, sondern mit Lust und Laune auf seine Scherze oder auch seinen Unsinn eingeht.

Eine andere Vergnügungskatakombe der Kleinkunst wird 1906 im Souterrain des Theaters an der Wien eröffnet, wo parodistische, freche und frivole Miniatur-Operetten und 20-Minuten-Schwänke aufgeführt werden: Neben der Wienerin Mela Mars und ihrem Mann und Klavier-

Fritz Wreede: Conférencier im Simpl

begleiter Bela Laszky tritt in der Hölle (Linke Wienzeile 6) als Star Mimi Marlow in Hosenrollen und als „Försterchristl" auf: Mit keckem Bubengesicht und naivem Gesichtsausdruck singt sie Gewagtes. Peter Altenberg schreibt „einen Hymnus" auf die Marlow: „Diese natürliche, einfache, liebenswürdigste Urkraft versteht man entweder mit freudigstem Herzen oder man versteht sie gar nicht. Sie ist die ‚Seele' der reizenden ‚Operettenparodie', sie belebt und erwärmt, wirkt wie ein allerherzigstes Kindchen, ohne sich irgendwie darum zu bemühen! Ein jedes ihrer neuen Lieder ist erfüllt von ihrer lieblichen Naturkraft, sie belebt alles sieghaft, weil in ihr selbst natürliches Leben ist, das dann naturgemäß ausströmt, sich auslebt im Chanson."

Von Josef Hoffmann entworfen und von der Wiener Werkstätte ausgestattet, wird das Theater-Kabarett Fledermaus (Kärntner Straße 33, Ecke Johannesgasse 1) am 19. Oktober 1907 eröffnet, in dem unter anderem Trude Voigt frivole Lieder von Zigaretten und Männern singt und sich dabei auf dem Klavier wälzt. Das Exzentrische ist in der Fledermaus die Methode: „Man isst mit Gabeln, die keine sind, und mit Messern, die niemand demaskieren kann. Auch eine neue Kultur des Essens wird gepredigt. Bei den hohen Preisen könnte einem jeder Appetit vergehen", kritisiert die „Presse", ehe die Jugendstil-Kleinkunstbühne unter Egon Friedell 1910 geschlossen und drei Jahre später verkauft wird.

Aus dem Kellerlokal machen die Brüder Arthur und Emil Schwarz eine Institution für ein weltstädtisches Publikum, eines der erfolgreichsten Etablissements der späten 20er und 30er Jahre: die Femina. Ihr Hausautor ist Karl Farkas. In den 1920er Jahren führt Wilhelm Gyimes die Bühne zuerst als Tanzlokal, dann lässt er in den Tanzpausen auf der kleinen Bühne sechs Mädchen, die Femina-Girls, auftreten oder Schauspieler Sketche aufführen. Gyimes wird als Kurzzeitdirektor des Ronacher 1937 auch für seine „Gyimes Revuen" bekannt. Hugo Wiener ist der Autor vieler Shows, die mit internationalem Flair und Wiener Note, Humor, Witz und originellen Ideen Erfolg haben.

1923 produzieren die Brüder Schwarz als Ronacher-Direktoren eine Serie von Ausstattungsrevuen nach Pariser und Berliner Vorbild: Die erste – „Wien, gib acht!" – erlebt rund 700 Aufführungen. Autoren sind Bruno Hart und Karl Farkas, Akteure Christl Mardayn und Hans Moser, der hier seine Dienstmann-Szene kreiert.

Kabarettdirektor Emil Schwarz muss sich einmal vor dem Bezirksgericht Josefstadt wegen einer Ehrenbeleidigungsklage einer seiner Tänzerinnen verantworten. Er habe sich darüber aufgeregt, dass das Fräulein bei einer Vorstellung nicht den hauseigenen Hut trug, und zur Garderobiere gesagt: „Wenn eine der Schlampen noch einmal auf der Bühne ihr eigenes Kleidungsstück anzieht, melden Sie es mir."

Schwarz gibt die Äußerung zu, doch sei sie allgemein gehalten gewesen. Er habe damit nicht speziell die Klägerin gemeint. Schwarz habe die Bedeutung, die dieser Ausdruck in Wien besitzt, nicht gekannt. In Berlin, wo er zwanzig Jahre gelebt habe, verstehe man darunter lediglich eine unordentliche Person. Sollte das Gericht jedoch der Ansicht sein, dass Schwarz die Bedeutung des Ausdruckes in Wien gekannt habe, dann sei er bereit, unter Beweis zu stellen, dass die Klägerin zwei Tage vor der inkriminierten Szene das Lokal heimlich mit einem Offizier verlassen habe und in einem Auto weggefahren sei. Erst eine Stunde später sei sie wieder ins Etablissement zurückgekehrt.

Nach Einvernahme der Tänzerin Toni Schmidt, die den inkriminierten Tatbestand bestätigt, bringt der Klageanwalt vor: Selbst wenn die vom Verteidiger vorgebrachten Behauptungen begründet wären, habe der Angeklagte als Besitzer eines Nachtlokals, in dem die Künstlerinnen vertragsmäßig zum Animieren verpflichtet seien, keinen Grund zu einer solchen moralischen Entrüstung. Die rüde Tonart, die gegenwärtig in Kabarett- und anderen Nachtlokalen eingerissen sei, müsse entschieden bekämpft werden.

Bezirksrichter Fiala verurteilt Schwarz zu einer Geldstrafe von 20 Kronen, weil „Schlampe" ein Schimpfwort sei, das jedoch im gegebenen Falle ohne eine Anspielung auf das Privatleben der Klägerin in der Erregung gebraucht worden sei. Der Verteidiger meldet gegen Schuld und Strafe, der Klagevertreter wegen zu geringen Strafausmaßes Berufung an.

Das lebendige Sein zeigt sich auch in der Annagasse: Im Tabarin wird dort tief unter dem Straßen-Niveau in einem lichtdurchfluteten Saal in Weiß und Gold Shimmy, Charleston und Boston getanzt. Es tummeln sich elegantes Publikum, Stammgäste, Animierdamen und Eintänzer. Maxim und Monte Carlo, Savoy-Bar (Himmelpfortgasse 27), City-Bar (Liliengasse 2) und Carlton-Bar (Cafe- und Teesalon, Führichgasse 1, neben dem Hotel Astoria) heißen andere Fluchtadressen der Nacht. Darunter ein Winzling: die nur 27,36 Quadratmeter große Kärntner Bar oder American Bar (Kärntner Straße 10), von Adolf Loos mit Marmor, verspiegelten Wänden und einem Glasmosaik ausgestattet: „Klare Linien und edle Materialien schenken der Bar ihr Gesicht. Die Seele ist der Raum, der weit über den der Bar hinausreicht." Da die Bar „streng im amerikanischen Stile geführt wird, Damen aber in Amerika in eine Bar keinen Zutritt haben", ersucht der Architekt in einem Aufruf im Februar 1909 „alle Damen, die sich für seine Arbeiten interessieren, die Bar vor der Eröffnung in den nächsten Tagen zu besichtigen".

In der Wirtschaftskrise 1927 drohen die Wiener Lokalbesitzer plötzlich mit der Sperre, mit dem allgemeinen Nachtlokalselbstmord. Ihre armen Besucher und ihre noch ärmeren Besitzer, die, wie es scheint, vom Zugrundegehen leben, erfüllen die Stadt mit Wehgeschrei. Mancherorts ist man davon freilich unbeeindruckt. Aus dem Dunkel der Weihburggasse leuchten rote Riesenlettern: Moulin Rouge. Hinter der Flügeltür führt eine breite Treppe hinab, als ginge es in einen Keller. Gleich daneben steht hinter einer spanischen Wand ein Tänzerpaar: Pierrette und Pierrot, geschminkt und gepudert, warten auf das Zeichen für ihre „Nummer". Die Musik spektakelt, das Paar tanzt, verrenkt die Glieder. An den Tischen unten im Saal schauen blasierte Gesichter zu. Die dicken Pfeiler sind von großen Spiegeln umkleidet. Kellner eilen hastig nach allen Seiten. Damen und Herren stehen plaudernd herum. Eintänzer sind es und Animierdamen, die noch keine „Kundschaft" gefunden haben.

Der Jazz heult melancholisch, erotisch, spleenig, ekstatisch im tollen Rhythmus. Ist die „Nummer" vorüber, tanzen die Gäste wieder im Viereck in der Saal-Mitte – die Damen im eng anliegenden Röckchen, die Bubikopf-Frisuren glatt an die schmalen Schädel geklebt, die Herren in kurzen Sakkos und Wackelhosen, deren Röhren an Elefantenfüße erinnern, wie die „Arbeiter Zeitung" in einer Reportage vermeldet. „Die Paare schmiegen sich aneinander, schieben vor- und rückwärts, schaukeln sich in den Hüften, lassen den Oberkörper vornüber hängen wie zerbrochene Puppen, die Herren schieben ihre Tänzerinnen vor sich her wie Gepäckträger in den Bahnhöfen Karren und schleifen dabei ihre Beine schwer und träge nach, als wateten sie durch tiefen Schlamm. Sie sind abwechselnd verzückt und verrückt, ihre Beine zittern: Fersen nach außen, Knie geschlossen. Fersen geschlossen, Knie noch außen, schlagen mit den Füßen nach hinten aus wie bockende Esel. Sie tanzen Charleston."

Der billigste Wein kostet 40, der teuerste 105 Schilling. Und die Speisen rund dreimal soviel wie in einem guten Restaurant. Für ein Nachtmahl wird hier ungefähr soviel verrechnet, wie ein Arbeiter für seine ganzwöchige Plage und Arbeit an Lohn bekommt.

Ein amüsantes Persönchen taucht auf Wiens Revuebühnen auf: Baby Becker wirft, halb ausgelassener Bub, halb Dame, beim Tanzen die schlanken Beine in die Höhe und trällert freche Chansons. Die Soubrette aus Ungarn, engagiert in der Femina und in den Kammerspielen, dem Theaterchen in der Rotenturmstraße, und Gespielin der Berliner Nackttänzerin Anita Berber, zieht alle Blicke auf sich, wenn sie nachts in einem der hell erleuchteten Lokale im Grätzl rund um die Kärntner Straße erscheint, den Hermelin leger um die schmalen, nackten Schultern gelegt.

Obwohl sie gleichzeitig mit einem russischen Prinzen ein Verhältnis hat, ist sie die Geliebte der Frau Geßmann, allgemein bekannt als Baronin Leonie Puttkamer: Die berühmt-berüchtigte Preußin, von ihren Freundinnen „der Leo" genannt und als „Herr" betrachtet, schwärmt unter anderen für Anita Berber. Als die zu Dreharbeiten in Wien ist, haben die beiden nach einem ersten Kontakt im Schlosscafé eine kurze Affäre.

Leonie von Puttkamer ist in einen der aufsehenerregendsten Skandale der 1920er Jahre verwickelt. Sie hat in Wien den Geschäftsmann Albert Geßmann jun., den Sohn eines politischen Mitstreiters von Karl Lueger, geheiratet. Doch die Ehe endet bald vor dem Richter – nicht vor dem Scheidungs-, sondern vor dem Strafrichter. Denn Geßmanns Frau soll versucht haben, ihren Mann mit Arsen zu vergiften. Im Verfahren werden vom Kläger die lesbischen Affären der Puttkamer vor Gericht als Beleg für ihren liederlichen Lebenswandel ausgebreitet. Vom Vorwurf des versuchten Mordes wird sie zwar freigesprochen, aber wegen der damals verbotenen, aber amtsbekannten homosexuellen Beziehungen drohen ihr bis zu fünf

Jahre schweren Kerkers. Schließlich stellt die Staatsanwalt-schaft das Verfahren wegen Mangels an Beweisen ein.

Zum Kreis der „Skandalbaroness" gehört auch die in sie verliebte Sidonie Csillag. In der Wiedner Hauptstraße 14 auf-gewachsen, schickt ihr Vater Tochter „Sidi" nach einem Selbst-mordversuch aus Liebeskummer zur Heilung ihrer Homose-xualität zum berühmten Sigmund Freud in die Berggasse 19. Die Psychotherapie bleibt allerdings erfolglos. Und Baby Be-cker? Sie entzückt für einige Jahre das Nachtpublikum mit lus-tigen Exzessen, hat als strahlender Stern der Inflationsjahre einen merkwürdigen, zynischen Humor und macht den Sprung vom Brettl zur Aristokratie. Sie heiratet Graf Géza Apponyi, den 1884 geborenen Spross eines auch in der internationalen Politik und Diplomatie prominenten ungarischen Adelsge-schlechts, und vertauscht als Gräfin das Tanzpodium mit ei-nem Gutshof in Balatonszepezd am Plattensee.

Irgendwo auf dem Prostituierten-Korso zwischen Sirk-Ecke und Rotenturmstraße sagt eine Gunstgewerblerin zu einem Passanten mit gespielter Entrüstung: „Mein Herr, ich bin nicht eine solche, für die Sie mich halten." Darauf er: „Oh, dann entschuldigen Sie – ich habe Sie für eine hochanständige Dame gehalten."

Der berühmte Wiener Anwalt Viktor Rosenfeld verteidigt einmal ein Freudenmädchen, das wegen gesetzwidrigen Be-nehmens in der Öffentlichkeit angeklagt ist: „Hohes Gericht! Auf der Straße gehen darf sie nicht. Mit den Federn wippen darf sie nicht. Mit den Augen blinzeln darf sie nicht. Mit der Tasche schlenkern darf sie auch nicht. Hohes Gericht! Unser großer Dichter Goethe hat es schon so treffend ausgedrückt: Es ist schwer, ein Mensch zu sein …"

Die Schickeria puderte sich schon damals gern ein bisschen das Näschen in ihrer Sehnsucht nach dem Nirwana und erlebt dann den irdischen Katzenjammer. Die „Reichspost" berichtet 1927 über das „Kokainlaster in Wien" und über Hinweise auf einen umfangreichen Handel mit der Rauschdroge in verschiedenen Lokalen, konkret im Café Gold (Große Stadtgutgasse 21). Der Angeklagte Friedrich Mayer, der den Spitznamen „Der Czardaskavalier" hat, gesteht, in der Regel täglich zehn Pakete Joypowder, wie man Kokain damals in Hollywood nannte, zu schnupfen. Deshalb komme er mit einem Betrag von vier Millionen Kronen nicht aus und treibe mitunter Handel mit der Droge. Auf die Frage des Richters, woher er das weiße Gift beziehe, antwortet Mayer: „Kokain bekommt man in fast allen größeren Kaffeehäusern." Bekannt dafür seien das de L'Europe am Stephansplatz und das Tabarin.

Angeklagter: „Sie können, Herr Richter, fast in jedem Kaffeehaus Kokain bekommen." – Richter: „Ich bin überzeugt, dass ich in dem Kaffeehaus, in dem ich verkehre, kein Kokain bekomme." – Angeklagter (lächelnd): „In welchem Kaffeehause verkehren Sie denn, Herr Richter?"

Ralph Benatzkys Venus im Pelz

· · · · · · · · · · · · · · · · · ·

Sogar der oft erbarmungslose, fast immer polemische und manchmal beleidigende Satiriker Karl Kraus schätzt die Chansonette, obwohl er „Josma in Verbindung mit Selim" ursprünglich für eine Zigarette hält. Sie ist die zweite Ehefrau von Ralph Benatzky und die Interpretin seiner Lieder. Die dritte Frau des Sonnyboys der leichten Muse ist dann eine hübsche Tänzerin, weshalb die zweite – Josma Selim – an gebrochenem Herzen stirbt.

Klein, dunkel und mollig ist die gebürtige Wienerin Hedwig Josma Fischer, auf den ersten Blick keine klassische Schönheit. Im Sacre Coeur soll sie, wie es sich für junge Damen ihrer Zeit gehört, für die Ehe erzogen werden und bekommt Gesangsstunden beim renommierten Schubert-Sänger Viktor Heim. Josma will zur Bühne, hat Talent und Temperament und ist, ob neckischer Kobold, ausgelassener Gassenjunge oder unschuldiges Mädchen, rasch ein Publikumsliebling. Nach Auftritten in der Hölle und ab 1912 im gerade erst eröffneten Bierlokal Simplicissimus in der Wollzeile 34 gastiert sie als „Kabarettkünstlerin" in Prag und Budapest.

Aber für die Saison 1914 fehlt ihr noch ein zugkräftiger Schlager. Den wünscht sie sich von Ralph Benatzky (1884–1957). Das frivole Chanson „In Büsum gibt's einen Keuschheitsverein" des erfolgreichen Newcomers in der Kabarettszene

Josma Selim: Große Karriere als Chansonnière

wird gerade überall gesungen. Als musikalischer Leiter versorgt er das Kleine Theater München und danach den berühmten Nachtklub Bonbonnière & Eremitage mit einer Kleinkunst-Mischung aus Tanz, Musik, Conférence, Humor und Chanson.

Nach gemeinsamen Auftritten mit Fédi Férard, die eigentlich Eugenie Decloux heißt, heiratet er die Sängerin 1909. Die Ehe hält nur fünf Jahre. Die schöne Férard macht noch eine große Karriere als Operettendiva. Sie soll Heinrich Mann zur Figur der Lola in seinem Romanerfolg „Professor Unrat" inspiriert haben. Aber den Welthit „Ich bin von Kopf bis Fuß auf

Liebe eingestellt" für den Film „Der blaue Engel", der Marlene Dietrich berühmt macht, schreibt Friedrich Hollaender und nicht Benatzky.

Der ist 1914 wieder in Wien, komponiert Schlager und Einakter, wird Co-Direktor der Bunten Bühne Rideamus (lat. lasst uns lachen) auf der Mariahilferstraße 57–59 und erfüllt Josma Selims energische Bitte um ein neues Lied nur widerwillig. Er verlangt für den Auftrag exorbitante 300 Kronen. Sie wird sie nie bezahlen. Er droht mit Klage. Aber irgendwann kommt man sich im Streit offenbar näher. So nah, dass am 15. November 1914 geheiratet wird.

Wien hat in Ralph Benatzky und Josma Selim (1884–1929) ein neues Künstlerpaar. Noch sind Bela Laszky und Mela Mars die unumstrittenen Publikumslieblinge. Aber schon bald entzückt die reizende Josma mit einer kleinen Geste zum Flügel und der immer gleichen Ansage: „Text und Musik, wie alles, was ich bringe, von Ralph Benatzky." Und dann, mit einem koketten Augenaufschlag: „Ich bin bereit, Herr Doktor, sind Sie es auch? – Ja? – Dann gehen wir's an!" Durch eine Schulterverletzung, die er sich bei einem verbotenen Duell zugezogen hat, vom Kriegsdienst befreit, schreibt Benatzky in diesen Jahren einige seiner bekanntesten Lieder: „Draußen in Schönbrunn", „Ich weiß auf der Wieden ein kleines Hotel" und vor allem das Walzer-Lied „Ich muss wieder einmal in Grinzing sein, beim Wein, beim Wein, beim Wein".

Titelblatt von Benatzkys Walzerlied: „Ich muss wieder einmal in Grinzing sein"

Das Paar tritt in Wien im Rideamus, im Konzerthaus und vor allem in der Varietébühne Gartenbau auf, außerdem bei Gastspielen in Graz, Budapest, Lemberg und in Prag. Das Duo habe das Berliner Publikum mit Wiener Lokalkolorit überfüttert, beklagt sich in Berlin der Journalist „Billie" Wilder, der selber erst kurz davor von Wien nach Berlin übersiedelt ist. „Oh, wir lieben Wien", schreibt der spätere Hollywood-Regisseur. „Aber nicht zu viel. Zu süß, zu viel Apfelstrudel und zu viel Schlagobers."

Sie hat bezaubernden Charme. Das ist vor allem Benatzkys Verdienst, denn er schreibt ihre Chansons, studiert ihre Auftritte ein, wählt sogar ihre Garderobe aus. Sie arbeiten viel und verdienen gut. Im Sommer 1919 gibt es eine Krise namens Fritz, mit dem Josma nächtens im Stadtpark sitzt. Aber zum fünften Hochzeitstag am 15. November notiert Benatzky ins Tagebuch: „Josma war sehr lieb und verschwenderisch und schenkte mir eine goldene Reitpeitsche und eine Kassette aus Thuje."

Sie treten nach dem Krieg in fast ganz Europa auf. Und immer ist ihr kleiner weißer Pinscher Pipsi dabei, wartet in der Garderobe, wenn Josma im Biedermeierkostüm auf der Bühne Wien besingt, mit verführerischem Augenaufschlag Gedankenstriche interpretiert und bei anzüglichen Passagen doch ganz Dame bleibt: „Ach, welche ungemeine Noblesse ist doch in mir. Ich staune! Bitte! Staunen Sie doch mit!"

In Wien wohnt das Paar im dritten Bezirk, Ahrenbergring 19, woran eine Gedenktafel am Ahrenberghof, Dannebergplatz 19, erinnert. In Berlin hat es im Adlon seine Stammzimmer. „Hier Josma Selim, am Flügel der Komponist", soll sich Benatzkys Frau und Muse am Telefon gemeldet haben.

„Zehn Jahre! Zehn Jahre der gemeinsamen Arbeit, mit fast nichts begonnen, jedenfalls kaum viel mehr als meinem Kopf und Josmas suggestiver Gestaltungskraft, zehn Jahre, an deren Ende wir Wohnung, Haus und ein kleines Bankguthaben besitzen, ein paar Bilder, eine paar Schmuckstücke, Autos und den Erfolg, auf unserem Gebiet die unerreicht Ersten zu sein", bilanziert Benatzky im November 1924.

Aber die vielen Reisen und das Leben aus dem Koffer sind anstrengend. Das Publikum will neben den Oldies auch stets mit neuen Liedern überrascht werden. Besonders belastend sind die sommerlichen Bäderkonzerte. Aber da wird in vierzehn Tagen das Geld verdient, „das wir schon notwendig brauchen". Das Publikum, unter dem Josma unter anderem in Heringsdorf auf Rügen leidet, sind ekelhafte, anmaßende, schlecht erzogene, schlecht angezogene, meist besoffene Menschen. Erst der Besuch von Max Pallenberg und Leo Fall bringt ein paar Tage Ruhe am Meer mit Sonne. Ehe es weiter geht: 900 km Autofahrt nach Franzensbad zu den tschechischen Bäderkonzerten.

Kaum zurück in Wien, beginnen die Vorbereitungen für die nächste Saison. Und immer steht für den „Amokläufer der Arbeit" die Frage im Raum: „Ziehen wir nicht mehr so bedingungslos? Sind wir schon am absteigenden Ast? Ich plage mich fürchterlich, zermartere mir Tag und Nacht den Kopf nach einem lustigen Einfall (…) ob Josma überhaupt eine Ahnung davon hat (…) sollen wir aufhören mit den Chansons? Ich quäle mich mit der Frage, denn es wäre entsetzlich, das Schicksal von Laszky, Mars und tausend anderen zu teilen!"

Notorisch eifersüchtig, steigert er sich immer wieder mit masochistischer Lust in Schreckensvisionen. Immer wieder kriselt es zwischen den beiden. Trotz erkalteter Gefühle dreht sich das Karussell weiter. Erfolg verpflichtet. Die Spielstätten in Wien sind für den Andrang nicht groß genug. Das Johann Strauß Theater hat andere Künstler engagiert. Vor allem im Theater an der Wien haben nur Stücke mit einer Marischka-Rolle eine Chance. Das Haus ist sowieso für Lehár und Kálmán reserviert.

Berlin ist die bessere Alternative. Schauspieler und Regisseur Erik Charell, der eigentlich Erich Karl Löwenberg heißt, macht das Große Schauspielhaus mit 3.500 Sitzplätzen zum glänzendsten Vergnügungstempel der Stadt. Die Zusammenarbeit beginnt mit kleineren Revuen, die Benatzky noch in Wien für Berlin zusammen mit Karl Farkas und Fritz Grünbaum schreibt. Dann ist 1924 „An Alle" ein Sensationserfolg, für den Charell neben Tilly Losch die weltberühmten Tiller-Girls aus London verpflichtet. Zwei Jahre später wird Benatzky bei der Revue „Von Mund zu Mund", in der Marlene Dietrich eine kleine Rolle spielt, ausgebootet. Und er kommentiert hämisch, dass Charell bei diesem Misserfolg viel Geld verliert.

Das neue Domizil der Benatzkys in Berlin-Lichterfelde Ost, Marienplatz 11, in der Nähe vom Teltowkanal ist mehr Schlössl als Villa, eine Mischung aus maurischem Stil und Schinkel-Elementen, mit Park und Liegeplatz für Motorboote. Der Vorbesitzer hat am „schwarzen Freitag", dem 13. Mai 1927, an der Berliner Börse ein Vermögen verloren und muss weit unter Wert verkaufen. Um 110.000 Mark wechselt das Objekt den Besitzer. Nach ein paar Umbauten wird das mit wertvollen Antiquitäten ausgestattete „Selim-Schlössl" bezogen. Als der Flügel geliefert wird, spielt der Hausherr als Erstes sein Grinzing-Lied. Gäste im barocken Speisezimmer mit goldenem Besteck sind unter anderen Max Pallenberg, Fritzi Massary, Liane Haid, Emil Jannings und Max Reinhardt.

Benatzkys Bruder Emil stellt bei einem Besuch fest, dass in Josmas Kleiderschrank acht Pelz- und rund 30 andere Mäntel hängen. Doch das Leben auf großem Fuß hat seinen Preis. Der Lebensstandard kann nur mühsam aufrecht erhalten werden. Einmal kommen die Benatzkys nach einer schweren Kohlenmonoxidvergiftung durch einen schadhaften Ofen im Schlafzimmer nur knapp mit dem Leben davon. „Die Wiederbelebungsversuche sind erst nach zwei Stunden erfolgreich", berichtet das „Linzer Tagblatt" am 17. November 1927.

Im folgenden Jahr setzen Charell und Benatzky ihre gemeinsame Erfolgsserie mit der Trilogie historischer Revueoperetten fort: In „Casanova" wird die Tänzerin La Jana nackt auf einem Silbertablett auf die Bühne getragen, und in den Zwischenakten treten die Comedian Harmonists auf. Es folgen „Die drei Musketiere" und schließlich 1930 „Im weißen Rössl", eines der meistgespielten Stücke der gesamten Musikgeschichte. Aber Benatzky liebt es nicht: „Nur Mittel zum Zweck. Mittel = Komponieren, Zweck = ein auskömmliches Bürgerleben", notiert er nach der Berliner Premiere am 9. November 1930, „das Werk ist nicht organisch entwickelt, keine durchdachte Arbeit."

Zu Weihnachten 1928 treten die Benatzkys zum letzten Mal gemeinsam in Wien im großen Konzerthaussaal auf und feiern einen kolossalen Erfolg. Man logiert im Hotel Imperial, findet alles schrecklich heruntergekommen, schimpft über die Präpotenz der Deutschen und im gleichen Atemzug über die Wiener, die immer wieder das Süße, die Schönheit der Stadt „fingerdick über die Goschen geschmiert" haben wollen. Es folgen schwierige Monate. Die Villa in Berlin, zu groß, zu teuer in der Erhaltung, erweist sich als Fehlinvestition. Das Paar fühlt sich dort nicht mehr wohl. Benatzky will verkaufen, nur sind in der Zwischenzeit die Immobilienpreise gefallen. Er hat sich verspekuliert und bleibt auf oder besser in seinem Schlössl sitzen.

Im Jänner 1929 hat an der Berliner Staatsoper Benatzkys Ballettpantomime „Die fünf Wünsche" Premiere. Dem Komponisten fällt die blutjunge Ballettratte Melanie Hoffmann auf, die er wegen ihrer dunklen Augen „Kirschi" nennen wird. Was als harmloser Flirt beginnt, wird schnell Ernst und bleibt im klatsch- und tratschsüchtigen Berlin nicht lange ein Geheimnis. Er bittet seine Frau um eine Stunde täglich für die Geliebte.

Die eine, von Natur aus, wie man in Wien sagt, figürlich besser gestellt, entspricht nicht dem aktuellen Schönheitsideal der überschlanken, langgliedrigen Garçonne und plagt sich mit dem Abnehmen, um auf der Bühne gute Figur zu machen. Mela, die Neue, hingegen ist gertenschlank.

Die Selim – immer noch eine zugkräftige Marke – geht noch ein letztes Mal auf Konzert-Tournee mit Benatzky, der an „Meine Schwester und ich" arbeitet. Sie nimmt die Lieder „Mein Mädel ist nur eine Verkäuferin in einem Schuhgeschäft" und „Die billige Anette" auf Schallplatte auf. Nur wenige Wochen später ist „Josmali" tot. Und Benatzky schreibt am 25. August 1929 in sein Tagebuch: „Grauer Himmel, ganz verhangen, Josma ist von mir gegangen."

Wenig später melden die Zeitungen, dass „die Diseuse Josma Selim, die ihrem Publikum das lachende lockende Leben, die heitere Anmut selbst gewesen war, plötzlich verstummt ist. Ihr auf Linie getrimmter, von Schlankheitskuren geschwächter Körper konnte der schweren Lungenentzündung, die sie sich bei einer Bootsfahrt zugezogen haben will, keinen Widerstand bieten."

Das „Prager Tagblatt" würdigt die Verstorbene im Nachruf als eine „Repräsentantin der Kleinkunst, in diesem Format eine große Künstlerin" und ihre „wienerische Note". Josma-Selim-Abende „hatten auch außerhalb Österreichs unbestrittene Erfolge". Die Chansonette „galt nach dem Ableben der Mela Mars vielleicht als die einzige Frau, bei der die leichte Muse ernsterer Betrachtung wert war". Sie wird im Urnenhain des Wiener Krematoriums beigesetzt. Benatzky bleibt dem Begräbnis auf Wunsch der Familie der Verstorbenen fern.

Am 25. November notiert Benatzky: „Heute vor drei Monaten ist Josma gestorben. Ich werde das nie begreifen." Fünf Tage später melden die Zeitungen seine Verlobung mit Mela Hoffmann, der er nun jedes Jahr einen neuen Pelz an den Christbaum hängt. Er zieht sich als Begleiter am Klavier von der Bühne zurück und heiratet „Kirschi", in der er auch Josma wieder liebt.

Aber was war geschehen? Benatzky erzählt von einem Wachtraum im November 1932. Josma, so scheint es ihm, ist im Zimmer. Sie habe ein Schlafmittel genommen, aber nicht um sich zu töten, sondern um ihn zu erschrecken und in der Absicht, ihn umzustimmen, sich nicht von ihr zu trennen und eine andere zu heiraten. Am nächsten Tag hat er das befreiende Gefühl, sich mit Josma ausgesöhnt zu haben. Weniger kryptisch äußert sich später Helga Benatzky, Witwe des Neffen sowie Erbin und Nachlassverwalterin des Komponisten. „War es Selbstmord?", wird sie in einem Interview gefragt. Ihre Antwort: „Ja".

Auch er, der reiche und berühmte Melodienschreiber, der 2.000 Chansons komponiert und getextet und mehr als 50 musikalische Lustspiele, Filmmusiken, Schlager, Romane, Feuilletons, Gedichte geschrieben hat und trotzdem ständig mit sich und seinem Leben haderte, war nah dran. Seine Tagebücher, die ein „zerfetzltes Leben zwischen Agonie und Ekstase" skizzieren, verraten es: „Der Browning ist geladen, geputzt! Nu eben! Ich kann mir wann immer den Gnadenschuß geben, und das ist das Ende (die Frage ist wann) eines Lebens, das begabt und strahlend begann!"

Sári Fedák: Primadonna der ungarischen Operette

Franz Molnárs Musen

. . . .

Die „Vorstadtlegende" Liliom ist sein größter internationaler Er-
folg. Er weiß viel von den Menschen, besonders viel von den
Frauen, von ihren Sehnsüchten und ihren Bosheiten. Er sagt:
„Wer die Frauen kennen will, muss die Männer studieren." Und
für seine Geliebten, seine Ehefrauen und seine Lebensabschnitts-
partnerinnen schreibt Franz Molnár, der wohl bedeutendste un-
garische Dramatiker des 20. Jahrhunderts. Er wird als „ein Pari-
ser Wiener aus Budapest" apostrophiert. Und die Welt kennt die
Namen der Frauen, denen er große Rollen schenkt.

Der Herr mit den dunklen Augen, der Stupsnase im schwam-
mig-glatten Gesicht und den früh ergrauten Haaren betrachtet
die Welt aus einem funkelnden Monokel und weiß: „Beim
Rendezvous mit einer reizbaren Geliebten hat man's zehn
Schritt vorher aus dem Aug' zu nehmen." Und Geliebte hat
Franz Molnár (1878–1952), der stets tadellos gekleidet wie ein
Dandy wirkt, viele.

Seine erste Ehe dauert nur bis zur Geburt von Tochter
Márta ein Jahr nach der Hochzeit 1906: Die blutjunge Margit
Vészi (1885–1961), Schriftstellerin, Malerin und eine der ersten ungarischen Journalistinnen, wird später von „Vanity Fair"
als „wunderbar talentierte und seltene, zerbrechliche Schönheit" beschrieben. Nach der Scheidung besitzt Molnár nie wieder eine eigene Wohnung. Ruhelos pendelt er zwischen Buda-

pest, Wien, Berlin, London und New York. Selbstironisch schreibt er einem Freund: „Ich habe eine Fünfzimmerwohnung – in jeder Stadt ein Hotelzimmer."

Ein Verhältnis mit Iréne Varsányi (1876–1932), Ungarns bedeutendster Schauspielerin und Frau des wohlhabenden Fabrikanten Illés Szécsi, inspiriert Molnár zu „Der Teufel": Im 1907 uraufgeführten Drama wird eine Schauspielerin aufgefordert, ihren langweiligen Ehemann zu verlassen. Das Stück macht Molnár international bekannt. Nach dem Duell mit dem eifersüchtigen Szécsi erhält Molnár eine zweiwöchige Gefängnisstrafe. Für die Varsányi schreibt er große Rollen in „Liliom", „Gardeoffizier" und „Das Märchen vom Wolf".

Molnár ist ein charmanter Egozentriker, ein Larger-Than-Life-Man, der pointiert bis ätzend formuliert. Von einer Dame der Gesellschaft sagt er: „Sie weiß alles über jeden – aber sonst nichts!" Als ihm im Kaffeehaus eine Suppe serviert wird, in der mehrere tote Fliegen schwimmen, soll er geantwortet haben: „Herr Ober, das nächste Mal bringen Sie mir die Fliegen bitte auf einem Extrateller. Ich werde schon selbst so viele davon in die Suppe geben, wie ich brauche." Zur Zeit der Verstaatlichung der Literatur während der Proletarierdiktatur in Ungarn wird Molnár wie alle anderen Schriftsteller des Landes registriert. Sie beziehen eine Monatsgage, die in weißen Banknoten, des damals frisch fabrizierten Sowjetgeldes bezahlt wird. Die Notenpresse hat viel zu tun. Molnár, am Zweiten des Monats noch ohne Geld, lässt den Direktor zum Telefon rufen: „Hier Molnár, haben Sie meine Gage schon gedruckt?"

Der Autor versteht sich vor allem darauf, mit reizender Frechheit elegante, witzige und technisch funkelnde Boulevardstücke und Salonkomödien zu machen. „Liliom", seinen größten internationalen Erfolg, schreibt er in nur drei Wochen in seinem Budapester Stammlokal New York Café und bringt dabei die Erlebnisse eines Karussell-Ausrufers auf die Bühne. Die Uraufführung in Ungarn 1909 fällt bei Publikum und Kritik durch. Aber auf die deutschsprachige Erstaufführung in Wien 1912 im Theater in der Josefstadt folgen weitere Inszenierungen an zahlreichen Theatern.

„Auf Molnárs Verstand passte wirklich das Wort ‚durchdringend‘. Er durchschaute die Tricks, mit denen die so genannten Kulturmenschen sich gegen Zudringlichkeiten der eigenen Wahrheit schützen. Er hatte einen untrüglichen Kennerblick für die Kostüme, in die sie ihre Unzulänglichkeiten, Hemmungen und Lebenslügen stecken“, sagt sein Übersetzer Alfred Polgar, den Molnár einmal ermuntert, er solle doch nicht nur Sketches für das Kabarett, sondern längere Stücke schreiben. Polgar antwortet, das könne und wolle er nicht. Worauf Molnár mit den Achseln zuckt: „Wirst du halt bleiben Weltmeister im Ein-Meter-Lauf.“

„Liliom“, eine einzige Woge der Trostlosigkeit, wird durch Josef Jarno in Wien zum Erfolg und zur Paraderolle etlicher Schauspielerstars. Kurt Weill schreibt für eine Berliner Neu-Inszenierung die Musik, Hans Albers spielt dort die Hauptrolle – bis zum Ende seines Lebens mehr als 1.800 Mal. Giacomo Puccini will „Liliom“ vertonen, was Molnár ablehnt. Denn dann würden alle nur noch von der Musik des Italieners sprechen und niemand mehr über das Stück. Fritz Langs „Liliom“-Film (1934) entsteht nach seiner Flucht aus Nazi-Deutschland im französischen Exil auf dem Weg in die Emigration nach Amerika. Es ist damals bereits die vierte Verfilmung. Außerdem dient „Liliom“ 1945 Rodgers und Hammerstein als Vorlage für das erfolgreiche Broadway-Musical „Carousel“.

Für seine zweite Frau Sári Fedák (1879–1955), die Primadonna der ungarischen Operette, schreibt Molnár die weibliche

Hauptrolle in „Fasching". Sie vollzieht damit im Budapester Lustspieltheater den Übergang von der Operette zum Schauspiel. Die beiden kennen sich bereits seit ihrer Kindheit und sind fast acht Jahre ein Paar, bevor sie im Oktober 1922 heiraten. Er trägt bei der Trauung einen Smoking. Die Braut fragt ihn ein wenig pikiert: „Ferenzl, sag, warum trägst du keinen Frack?" Darauf Molnár treuherzig: „Mein Schatz, den trage ich nur bei Premieren."

Ihr Vater ist Arzt in einer Provinzstadt. Ihn stellt die junge Sári eines Tages vor die Wahl: „Papa, entweder ich heirate einen alten Oberst, oder ich werde Schauspielerin." Papa gönnt seine blutjunge Tochter dem alten Oberst nicht, und so wird sie Schauspielerin und bringt frischen Glanz in die damals sentimental-süßliche Operette. Keck, heiter und authentisch erobert sie Publikum und Kritik. Sie wird die neue Primadonna der ungarischen Operette. Ihre Premieren sind stets Ereignisse.

„Zsazsa" spielt, singt, tanzt; in Budapest, New York, Berlin; in Wien im Oktober 1920 im Apollotheater in „Der Pusztakavalier" und danach in mehr als 100 Vorstellungen. Und im März 1921 gibt sie als Star in der Rolandbühne (Praterstraße 25) in der Leopoldstadt, einer 1913 gegründeten, auch Budapester Orpheum genannten Kleinbühne, im Singspiel „In Schönbrunn" die Tänzerin des Kaisers. Zehn Jahre später ist sie unter anderen mit Karl Farkas im Stück „Die kluge Mama" in der Rolle einer alternden Primadonna und Mutter zweier erwachsener Töchter mit Ehezwistigkeiten im Neuen Wiener Schauspielhaus zu sehen.

Es gab eine Zeit, als es in Budapest als höchstes Kompliment galt, wenn einer von einer Frau sagte: „Sie ist so schön wie die Fedák." Aber bereits am Anfang seiner Ehe mit Sári Fedák verliebt sich Molnár in eine andere Schauspielerin mit „Engelsgesicht": Lili Darvas (1902–1974) ist nur halb so alt wie er und

„tausend Mal schöner als Sári Fedák", schreibt eine Zeitung in Ohio 1925. „Sie ist eines der schönsten Geschöpfe, die man sich vorstellen kann." In „Die rote Mühle" (1923), „Himmlische und irdische Liebe" (1935) und in „Der gläserne Pantoffel" sind die ihr von Molnár zugedachten Rollen zu finden.

Die erzürnte Fedák reagiert prompt: Aus Rache bittet sie den bekannten ungarischen Dramatiker Melchior Lengyel, ein Stück mit einer Bombenrolle für sie zu schreiben. Auf diese öffentliche Demütigung reagiert Molnár mit einer Scheidungsklage, als die Fedák in Wien, sprühend, liebenswürdig und elegant in der Titelrolle von Lengyels Komödie „Antonia" zuerst im Raimund Theater und dann im Volkstheater sensationellen Erfolg hat und sich das Lustspiel ein halbes Jahr im Repertoire hält. Die Trennung wird zum Krieg und zum Dauerthema für die internationale Presse.

„Ihre Liebe ist nun Hass" titelt die „Portsmouth Daily News" boulevardesk. Die Dramatik der Künstler verlagert sich im September 1925 in den Gerichtssaal, wo hinter verschlossenen Türen viel Schmutzwäsche gewaschen wird. Beide beantragen die Einvernahme von mehr als 100 Zeugen. Sie verlangt 30.000 Dollar Abfindung, er bietet 15.000 Dollar. Er beschuldigt sie, während ihrer Ehe 42 Liebhaber gehabt zu haben. Sie kontert lautstark mit Drohungen. Schließlich akzeptiert Molnár die Zahlung von 30.000 Dollar.

Franz Molnár und Lili Darvas

Karl Kraus konzentriert sich in „Die Fackel" auf eine pikante Detailfrage im Prozess:

„Tag und Jahr Ihrer Geburt?" – Der Richter lächelt und fügt hinzu: „Eine sehr unangenehme Frage, aber was soll ich tun?" Sári Fedák macht „Brrr", schüttelt sich und gibt keine Antwort. Der Richter, an die Journalisten gewendet: „Ich bin überzeugt, dass die Herren Redakteure taktvoll sind und die Antwort der Künstlerin überhören. Wir wissen doch, dass Sári Fedák ewig jung bleibt." Nun kommt die schwerwiegende Antwort: „Ich bin in Beregszasz geboren, im Jahre 1886, nach Budapest zuständig." Zwischenrufe wollen auch diese Ziffer auf 1876 korrigieren.

Der Streit findet später eine Fortsetzung in der Emigration: Als sich die Fedák in Amerika als Sári Fedák-Molnár präsentiert, gibt er Berichtigungsmitteilungen an die Presse: Die augenblicklich in New York gastierende Schauspielerin Sári Fedák-Molnár sei nicht seine Mutter.

Um unangenehme Besucher loszuwerden, hatte Molnár zwei Methoden. Leuten, die ihm gleichgültig waren, sagte die Sekretärin: „Es tut mir leid, Herr Molnár ist soeben ausgegangen." Aber Leuten, die Molnár nicht mochte, sagte sie: „Herr Molnár ist soeben ausgegangen. Wenn Sie sich beeilen, können Sie ihn vielleicht noch einholen."

Molnár ist eines Tages bei einem Verleger eingeladen und fängt trotz seiner bereits weißen Haare sofort Feuer für eine hübsche Schauspielerin. Der Hausherr zeigt seinen Gästen die bisher erschienenen Teile einer jüdischen Enzyklopädie und sichert dem Schriftsteller im Bande M eine längere Biografie zu. „Oh, Sie sind also Jude, Herr Molnár?", stellt seine Nachbarin am Tisch fest. Ganz in ihren Anblick versunken, entgegnet er: „Ich wusste, dass Sie dahinter kommen würden; nur die Gelegenheit hatte ich mir anders vorgestellt!"

Lili Darvas, aus der Theatertruppe Max Reinhardts und bis zur Emigration 1938 viele Jahre lang Ensemble-Mitglied im Theater in der Josefstadt, ist Molnárs Ehefrau Nummer 3. Sie ist die erste Olympia, außerdem die Tochter Vivie in George Bernard Shaws „Frau Warrens Gewerbe" und die Genia Hofreiter in Schnitzlers „Das weite Land". Ihr Mann begleitet sie auf ihren Tourneen nach Berlin, Wien und Salzburg. 1926 präsentiert sie Molnár in „Das Spiel ist das Ding", das auf allen großen Bühnen Europas und am Broadway aufgeführt wird, und in „Riviera".

Beruflich bedingte lange Trennungsphasen beeinträchtigen die Beziehung. Die Darvas und Molnár trennen sich freundschaftlich, bleiben aber verheiratet und freundschaftlich verbunden bis zu seinem Tod. Die junge Ungarin Wanda Bartha wird schließlich seine Sekretärin und seine letzte Lebensgefährtin – in der Emigration und bis zu ihrem Tod durch Suizid 1947. Molnár klagt über den Verlust: „Nun gibt es keine Hoffnung mehr im Leben! Wanda machte den Gedanken an meinen Tod, der mich immer mit Grauen erfüllt hatte, erträglich für mich."

Seine letzte Adresse ist das New Yorker Plaza Hotel, Apartment Nr. 835. Dort schreibt er, der kein Englisch spricht, trotz schwerer Depressionen Filmdrehbücher und Theaterstücke. „Es gibt nur einen Trost auf der Welt und der ist Arbeit", pflegt er zu sagen. 1949 wird am Broadway sein Stück „Panoptikum" aufgeführt. Er schreibt manisch bis zuletzt. Am 1. April 1952 stirbt er im Sinar Krankenhaus an den Folgen von Magenkrebs.

„Vertieft in die Erinnerung an Budapests goldene Zeiten, suchte der ungarische Molière, wie er oft genannt wurde, hier ein Äquivalent zur Stadt seiner Jugend, konnte aber keines finden", verkündet ein Nachruf in New York. Und Lili Darvas' Abschiedsgruß ist ein Zitat: „Liliom, schlaf, mein Junge, schlaf!"

Die Wienerin Gerda Maurus: Ein Filmstar von Fritz Lang

Der Augenmensch und seine blonde Spionin

· · · · · · · · · · · · · · · · · ·

Der erste Mensch auf dem Mond war eine Frau - zumindest im Film: Fritz Lang lässt 1928 seine Hauptdarstellerin Gerda Maurus in „Frau im Mond" dorthin fliegen - neben Willy Fritsch als Studentin in einer sechsköpfigen Crew, mit Hose und Krawatte im Forscherlook. Sie ist das typische Wiener Mädel, wie Arthur Schnitzler diese Erscheinung genannt hat: blond, übermütig, lustig; und die erste richtige Wienerin, die es zum internationalen Filmstar bringt.

Ein einzigartiges Gesicht: ungeheuer große Augen, beinahe so unwirklich wie die Glasaugen einer Puppe. Gerda Maurus ist die Tochter eines lebensfremden Erfinders kroatischer Herkunft, geboren als Gertrud Maria Pfiel in einem kleinen Ort im Wienerwald, den Ausflügler vor allem wegen seines ausgezeichneten „Millirahmstrudls" kennen: Breitenfurt. Die Mutter hat nicht allzu viel übrig für die Genialität ihres Mannes, ohne den Untergrund eines bürgerlichen Einkommens.

Durch das Geschenk einer Tante zum Namenstag kommt das Mädchen zum ersten Mal mit dem Theater in Berührung und sieht Goethes „Iphigenie" im Volkstheater. Gerda spricht das schwierige Wort als „Ifischenie" mit Betonung auf der letzten Silbe aus. Danach ist alle Sehnsucht, alle Hoffnung die Bühne. Die Halbwüchsige liest eine Annonce der Femina-Bar, einem winzigen Revuetheaterchen an der Kärntner Straße, in der „Neuen Freien Presse": „Mädchen für Chor gesucht, gute Stimme, gute Gestalt, für Revue."

Sie wird engagiert. Sie kann nicht singen. Sie kann auch nicht tanzen – aber schließlich ist das Brettlhupfen für jede Wienerin eine Kunst wie die Kalligraphie für jeden Chinesen. Als Gerda der Mutter sagt, dass sie als eines von fünf Chormädchen auf der Mini-Bühne auftreten wird, bekommt sie die letzte Ohrfeige ihres jungen Lebens, eine besonders heftige. Sie lernt rasch zu tanzen, zu lachen und zu singen. Sie ist bildhübsch, lustig und sehr wienerisch. Und als eines Tages die Soubrette vorne an der Rampe ausfällt, ist sie bereit einzuspringen: „Regen'S Ihna net so auf, Herr Direktor! Sie ha'm ja mich!"

Bald wird sie nach Marienbad engagiert, wie Marburg oder Linz sozusagen das Vorzimmer der Wiener Theater, und landet in der Josefstadt. Im Sommer spielt sie im Ischler Theater – wo sich seit hundert Jahren das Wiener Publikum trifft, wenn es draußen wie so häufig im Salzkammergut in Strömen regnet – die Delphine Jura in Hermann Bahrs „Konzert". Außer in München und Nürnberg, wo die Klara Hühnerwadl in Frank Wedekinds „Musik" ihre liebste Rolle ist, unterhält sie für eine sehr „schöne Gage" im Grazer Opernhaus die greisen Feldzeugmeister, Generäle und Hofräte in „Pensionopolis", wie man Graz im alten Österreich nennt.

Und dann engagieren die Wiener Kammerspiele sie als Star ihrer von Karl Farkas getexteten Revue „Was Frauen träumen" (1924). Im Apollotheater in der Revue „Apollo! Nur Apollo?" von Fritz Grünbaum und Fritz Beda mit Rosy Werginz und Elsie Altmann kommt das vor, was in allen Revuen vorkommt, nämlich nichts. Und die Maurus macht die Conférence dieses Nichts. Auf Gastspielreise durch Deutschland kommt die Blonde aus Wien 1926 nach Berlin und zum Film.

Im Zentraltheater in der Jakobstraße spielt sie in „Die Eunuchenbraut" die Hauptrolle. Im Publikum sitzt ein Mann mit einem spiegelnden Monokel: Fritz Lang (1890–1976). Er hat sie schon in den Revuen in Wien gesehen, wo sie „um Mitternacht geküsst" hat und „als Frau geträumt". Jetzt fragt er sie bereits zum zweiten Mal: „Wollen Sie die Hauptrolle in meinem neuen Film ‚Spione' übernehmen?" Ein Angebot, das kein Fräulein aus Breitenfurt abgelehnt hätte.

Die beiden haben mit Sicherheit ihre Erinnerungen an Wien ausgetauscht. Fritz Lang, in der Donaustadt geboren, war ein begeisterter Anhänger von Karl Kraus, besuchte alle seine öffentlichen Vorlesungen und las mit Begeisterung „Die Fackel": „In der verlängerten Kärntner Straße, zwei Häuserblöcke über den Ring hinüber, war die Buchhandlung von Richard Llany, bei dem man ‚Die Fackel' erstehen konnte und der von mir ein gezeichnetes Porträt von Karl Kraus erwarb, das er als Ansichtskarte herausgab. Karl Kraus hat mir dieses Porträt nie vergeben, er war ein sehr eitler Mensch", erinnert sich Lang 1968 an sein „Traum-Wien", das Wien seiner Jugend.

Da hatte er den Dichter Peter Altenberg kennengelernt, „dessen Leben eine einzige Verherrlichung von Frauen war, und der in einem winzigen Zimmerchen in einem kleinen Hotel lebte", in der Dorotheergasse 3. Und „die Wiener Frauen waren die schönsten und großzügigsten der Welt" für den Filmregisseur. „Sie waren wunderbar angezogen, man traf sich versteckt in den Wiener Caféhäusern, gab sich ein abendliches Rendezvous, während der großen Pause in einem der Wiener Theater, oder traf sich ‚zufällig' nach 11 Uhr abends in einem Cabaret oder Nachtlokal. Damals nannte man Wien eine Konditorei am Rande des Balkans. Wien, eine Märchenstadt, die nur für den Augenblick lebte, sorglos, unbekümmert um das, was in der Welt vor sich ging."

In den Kinderjahren des Kinos spielt Gerda Maurus neben Willy Fritsch und seinem Diener Paul Hörbiger, der als Ahnherr des heutigen Agentenfilms gilt, im Thriller „Spione" die verführerische Spionin Sonja. Alfred Hitchcock hat fast wörtlich aus „Spione" zitiert. Sogar James Bonds Abenteuer beziehen sich auf den Stummfilm, den Fritz Lang selbst finanzieren musste, weil er mit der ausufernden Produktion des Science-Fiction-Märchens „Metropolis", dieser düsteren Vision einer Stadt der Zukunft, die Filmgesellschaft Ufa beinahe in den Ruin getrieben hätte. Erst Jahre später wird der Streifen aufgrund seiner aufwendigen Bauten und seiner symbolträchtigen Bildgestaltung zu einem der einflussreichsten Werke der Filmgeschichte.

„Spione" macht Gerda Maurus über Nacht zum Star. Der Film ist auch der Beginn einer Liebesgeschichte: zwischen dem Star-Regisseur des deutschen Films, der zum „Rembrandt des Kinos" werden wollte, und seiner Leinwand-Entdeckung. Dessen Ehefrau, die Drehbuchautorin und „Cosima von Babelsberg" Thea von Harbou, bleibt selbst dann noch mit Lang verheiratet, als er seine neue Freundin ins gemeinsame Haus holt. Dabei hatte sich Langs erste Ehefrau, was kaum bekannt ist, im Badezimmer erschossen, während er in derselben Wohnung ein Rendezvous mit Harbou, seiner späteren Frau, hatte. Der Vorfall wurde nie geklärt.

Harbou sagt, sie und Lang seien nur deshalb elf Jahre lang verheiratet gewesen, weil sie zehn Jahre lang keine Zeit gehabt hätten, sich scheiden zu lassen. Seine Beziehungen, Affären, Sub- und Nebenliebschaften (unter anderem mit den Schauspielerinnen Lil Dagover, dem Star seiner Filme „Harakiri" und „Der müde Tod", Marlene Dietrich, Joan Bennett und eben Gerda Maurus) sind zahllos.

Seine Eskapaden beginnen oft mit dem gleichen Ritual. Frauen, die ihm gefallen, spricht er, auch wenn sie in Begleitung sind, an, sobald sie für einen Augenblick allein sind, stellt sich vor und überreicht ihnen dann seine Karte, diskret bemerkend: „Ich würde Sie gerne kennenlernen", um sich dann sofort wieder zurückzuziehen.

„Frau im Mond" ist seine Liebeserklärung an Gerda Maurus. Ganz Europa spricht über den melodramatischen Science-Fiction-Film und die neue Filmdiva Gerda Maurus, groß, blond und apart. Besonderes Kennzeichen: der eindringliche Blick. Der Filmstar, der in „Hochverrat" (1929) mit Gustav Fröhlich wieder eine Spionin spielt, wird zu den begehrten Zigarettensammelbildern der Serie „Gallery of Modern Beauty" des Fabrikanten Josef Garbáty.

Gerda Maurus im Magazin „Das Leben" (1928)

„Er ist das Kino", sagt Jean-Luc Godard einmal über Fritz Lang. Der geht, als sein Film „Das Testament des Dr. Mabuse" 1933 verboten wird und er ahnt, dass die nationalsozialistische Kinomaschine ihn vereinnahmen und zerstören würde, über Paris nach Hollywood ins Exil. Seine große Liebe in den späten 20er Jahren hat während der Nazi-Herrschaft Kontakt zu Joseph Goebbels und wird des Öfteren in seinem Salon gesehen. Als Theaterschauspielerin fällt Gerda Maurus der Übergang zum Tonfilm leicht. Sie wird bevorzugt in Krimis eingesetzt.

1939 wirkt sie im Theater in der Josefstadt in Raimunds „Der Bauer als Millionär" mit, in die Handlung eingesponnen sind Tänze der Grete Wiesenthal. Höhepunkt ist die Szene mit Hilde Krahl als Jugend und Hans Moser als Fortunatus

Wurzel. Und Gerda Maurus „verleiht der Fee Lacrimosa Frau-lichkeit und Würde", schreibt „Das interessante Blatt". Im Jahr darauf spielt die Maurus die Olga in der Josefstadt-Premiere von Anton Tschechows „Drei Schwestern" neben Paula Wessely als Mascha und Winnie Markus als Irina.

Sie hatte 1937 den Regisseur Robert A. Stemmle geheiratet. Deren Tochter Philine, Jahrgang 1943, ist viele Jahre Bühnen- und Kostümbildnerin an verschiedenen Theatern und konzentriert sich seit dem Jahr 2000 auf die bildende Kunst. Sie interpretiert den „Phantastischen Realismus" zuweilen düster und skurril, meist aber mit ironisch-humorvollem Blick für absurde Situationen. „Auslöser für meine Gemälde sind Augen-Blicke auf Gegenstände oder Räume. Für mich kam immer nur eine realistische Malweise in altmeisterlicher Öltechnik in Betracht, um über das malerische Dokumentieren die Realität zu reflektieren", sagt die Heidelberger Künstlerin über ihre Malerei. „Die Vielfalt, die ich in der Welt wahrnehme, führt zu unterschiedlichen Bild-Themen: Architekturen, Stillleben, Genre-Szenen und Trompe-l'œil-Motiven. Neben dem Dokumentieren der Realität beschäftigen mich auch phantastische Motiv-Kombinationen, die zum Surrealismus führen können."

Surreal mutet auch eine Marotte von Fritz Lang an, dem Gerda Maurus zur endgültigen Trennung einen Stoffaffen geschenkt hatte: Er nennt ihn „Peter" und behandelt ihn bis an sein Lebensende wie seinen besten Freund. Er redet mit ihm, er liebkost ihn, er kleidet ihn exquisit ein. Er drückt ihm ein Buch in die Hände, wenn er selber liest, und bringt ihn ins Bett. Viele seiner Freunde in den USA irritiert dieser Umgang mit einer Puppe. Andere nehmen ihn als exaltierte Attitüde hin. Nur ganz wenige Freunde gehen damit ganz selbstverständlich um. Sie lassen Peter oft grüßen. Und Peter grüßt stets freundlich zurück.

Abonniert
auf Damenrollen

. . . .

Eine Landpomeranze. Schwarzes Haar, eine Haut wie aus Porzellan, eine 52-Zentimeter-Taille wie eine Sanduhr und eine Stimme, warm klingend wie ein Cello. Ihr Karrierekapital ist ihre Schönheit. Ohne je Schauspielunterricht gehabt zu haben, spielt Lil Dagover in Meisterwerken der Kinogeschichte und feiert Erfolge am Theater. Als verführerische Exotin, als fragile Unschuld und als Grande Dame, mit Eleganz, Charme und Ausstrahlung. Mehr als sechs Jahrzehnte lang. Vom Stummfilm bis zur TV-Serie „Tatort".

Sie ist immer bereit, jede Rolle zu spielen. Lil Dagover (1887–1980) ist, so der Titel eines ihrer Filme, „Eine Frau, die weiß, was sie will" (1934), abonniert auf die elegante Dame. Ihre Wiege steht auf der Insel Java. Dass sie als Marie Antonia Siegelinde Martha „Lilitt" Seubert im Fernen Osten geboren wird, verdankt sie ihrem Vater, einem gebürtigen Deutschen aus Karlsruhe, der im holländischen Staatsdienst als Oberforstmeister nach Niederländisch-Indien versetzt wurde.

Widerborstig, das schwarze Schaf der Familie sei sie gewesen, wird sie Jahrzehnte später in ihren Erinnerungen mit dem Titel „Ich war die Dame" schreiben. Nach dem frühen Tod der Mutter und einer Odyssee durch Pensionate in München, Lausanne, Genf und Baden-Baden landet sie schließlich im Weimarer Sophienstift, einer „Schule für die Töchter höherer

Stände", und hat wie jeder Backfisch heimlich einen „Schwarm"
am Hoftheater: den sächsischen Hofschauspieler Fritz Daghofer, der in Wahrheit Österreicher ist, geboren in Klosterneu-
burg. Seine „heiter-gelassene Art und sein wienerischer
Charme entzücken" sie. Er entspricht, obgleich wesentlich älter, ihrem „jugendlichen Ideal". Sie bittet ihn um ein Foto. Er
möchte eines von ihr. Und sie schreibt darauf: „Von Ihrer glü-
henden Verehrerin."

Ein Rendezvous im Stadtpark hat Folgen. Sie fliegt von der
Schule und ist völlig niedergeschlagen. „Dann heiraten wir
halt", sagt Fritz mit wienerischer Gemütlichkeit. Und meint es
ernst. Marthas Vater ist einverstanden. Ein Jahr nach der
Hochzeit in Wien wird Tochter Eva geboren. Und 1917 bekommt Martha Daghofer, auf der Straße von einem ihr unbekannten Mann angesprochen, aus heiterem Himmel ein Angebot: „Sie haben ein ausgesprochenes Filmgesicht. Hätten Sie
nicht Lust, mit mir einen Film zu drehen?". Sie läuft davon
und trifft abends beim Künstlerfest just den Mann aus der
Schillerstraße zufällig wieder: Der Regisseur und Autor Robert Wiene (1873–1938) wird ihr Entdecker, setzt ihr Rosinen
in den Kopf – zugleich der Anfang vom Ende ihrer ersten Ehe.
Denn Fritz hält nichts vom Film und will in Weimar bleiben.
Sie zieht mit ihrer Tochter nach Berlin und steht erstmals vor
der Kamera in „Das Lied der Mutter" (1918). Auf der Darstel-
lerliste scheint der Name Martha Daghofer auf, zum ersten
und zum letzten Mal.

Sie tauscht schon bald das „f" gegen ein „v", verzichtet auf
das „h" und kürzt ihren Rufnamen „Lilitt" um die Hälfte. Fertig ist der Künstlername. Als in der Stummfilmzeit vor allem
interessante Gesichter gefragt sind, die gute Bilder verspre-
chen, wird die Dagover mit dem schmalen Gesicht und den
hohen Backenknochen nach dem Ersten Weltkrieg schnell
zum Star der Berliner Stummfilm-Produktionen. 1919 spielt

Lil Dagover im Film „Dreiklang" (1932)

sie Hauptrollen in zwei Filmen eines Regie-Anfängers: Fritz Lang. „Durch ihn bekam ich einen ersten Begriff davon, wie fanatischer Ernst und unbeirrbarer Wille aus einem konventionellen Stoff ein Meisterwerk machen können."

Der Abenteuerfilm „Der goldene See" (1919) ist großes Kino mit viel Action. Die Außenaufnahmen werden in Hagenbecks weltberühmtem Tierpark in Hamburg gedreht. Die Dagover muss in der Rolle einer Priesterin, die den Maya-Schatz bewacht, mit einer großen Pythonschlange spielen, in einer Art Bikini als Kostüm: „Ich musste auf einer Treppe liegen, ohnmächtig, mit dem Kopf nach unten, und eine Schlange hatte über meinen Körper zu kriechen."

Die Autodidaktin, die nie eine Schauspielschule besucht hat, ist schon dabei, als der expressionistische Stummfilm gerade seinen Höhepunkt erreicht, als Lang, Murnau und Wiene ihre revolutionären Ideen auf die Kinoleinwand bringen. Ihr Durchbruch ist „Das Cabinet des Dr. Caligari" (1920) von Robert Wiene. Die düstere Geschichte von Wahn und Mord in einer surrealen Kulissenwelt, eines der berühmtesten Werke der Filmgeschichte, macht Lil Dagover zum Star.

Neben ihr ist Werner Krauß zu sehen, der „den verrücktesten Irrenarzt spielt, den die Welt je gesehen" hat. Ganz in seine Rolle versunken, irrt er während der Dreharbeiten geistesabwesend durch die Kulissen und reagiert auch nicht auf den Gruß Dagovers, sodass ein Beleuchter flüstert: „Machen Se sich nischt draus, Frollein. Der Krauß is schon janz Caligari, der Verrückte – müssen Se sich dran jewöhnen, der meint det nich so …"

Fritz Lang dreht 1921 „Der müde Tod": Lil Dagover ist in dem Märchenstück die Liebende, Bernhard Goetzke der Tod, der ihr die Tür in sein Reich öffnet und ihr den Raum mit den Kerzen zeigt, von denen jede für ein Leben steht, das eine

Weile brennt und dann erlischt. Der Tod bietet ihr an, ihr den verstorbenen Geliebten zurückzugeben, wenn es ihr gelingt, wenigstens eines von drei Leben zu retten, die gerade in Gefahr sind – im Reich des Kalifen, im Venedig der Dogen und am Hof des Kaisers von China. Und an jedem der drei Orte ist Lil Dagover die liebende Frau, die um das Leben des Geliebten kämpft.

„Der müde Tod" spielt, von den Kulissen und Kostümen her, im Spätmittelalter, aber eigentlich hat der eingefärbte Schwarz-Weiß-Film, in dem es in China Elefanten gibt und Bagdad auf einem Hügel liegt, seine ganz eigene Zeit, eine Zeit, die allein der Phantasie von Fritz Lang, seinen Filmarchitekten, Kameraleuten, Kostüm- und Produktionsdesignern entsprungen ist, allesamt Meister ihres Fachs.

Danach spielt sie in Friedrich Wilhelm Murnaus „Phantom" und „Tartüff", aber auch in Abenteuerfilmen und Melodramen. Vor allem Rollen in dem für sie typischen Fach: Salondamen. Der Filmerfolg bringt ihr große Theaterrollen. 1926 holt sie Max Reinhardt als „Schönheit" für die Aufführung von Hofmannsthals Mysteriendrama „Das große Welttheater" zu den Salzburger Festspielen an die Salzach und verpflichtet sie für sechs Jahre.

„Er war mit mir ein Risiko eingegangen. Er liebte Experimente, und er war ein großer Menschenkenner. Er verstand es, die Schüchternen zu loben und die Arroganten bescheiden zu machen. Er hat nie die Individualität eines Schauspielers unterdrückt, sondern kam dem Naturell eines jeden entgegen. Wenn man ihm etwas Überzeugendes anzubieten hatte, verzichtete er sofort darauf, eigene Vorstellungen dickköpfig durchzusetzen."

Im Theater in der Josefstadt überträgt ihr Reinhardt die Hauptrolle in dem Schauspiel „Die Gefangene". Später sagt die vom Film für die Bühne beurlaubte Dagover: „Wien, die alte Donaustadt, hatte ich immer schon ins Herz geschlossen, und ich denke zuweilen mit ein bisschen Wehmut daran, wie schön jene Zeiten doch gewesen sind."

Berlins gefürchteter Theaterkritiker Alfred Kerr schreibt nach einer Premiere von „Amphytrion 38": „Sie sieht aus! Sie sieht aus!! Sie sieht aus!!!" Während andere wie Herbert Ihering harsch urteilen: „Lil Dagover ist die süße Talentlosigkeit." Ihr bevorzugtes Metier bleibt der Film. 1930 dreht sie ihren ersten Tonfilm, die Kriminalkomödie „Va Banque" mit Gustaf Gründgens. Zahlreiche Klassiker mit Partnern wie Emil Jannings, Werner Krauß, Rudolf Forster folgen. Dabei steht sie dem Übergang zum Tonfilm zunächst skeptisch gegenüber: „Meine Stimme war nicht hell und tragend, sondern relativ tief. Dass ich damals nicht gescheitert bin, verdankte ich Greta Garbo. Sie hatte eine noch tiefere Stimme als ich."

Sie sei dazu verurteilt, alle Kaiserinnen und Königinnen zu spielen, sagt sie. Sie ist Madame Pompadour und Eugénie, die letzte Kaiserin der Franzosen, Gattin von Napoleon III., Jelaina in der „Kreutzersonate" und Mrs. Erlynne in der Oscar-Wilde-Verfilmung „Lady Windermeres Fächer". Sie sagt, sie habe „keinen Sinn für Politik", wird zu Kaffeekränzchen und Banketten beim Führer eingeladen und schließt fest die Augen, als sie im Dritten Reich zu den mit Rollen und Privilegien verwöhnten Stars gehört, mit deren Glamour sich die Nazis schmücken.

Unter den 23 Filmen, die sie in dieser Zeit dreht, sind Propagandastücke wie „Fridericus", „Bismarck" und „Wien 1910". In den letzten Kriegsjahren meldet sie sich zur Truppenbetreuung, tritt in Russland dicht hinter der Front auf und bekommt dafür das Kriegsverdienstkreuz. Geschadet hat es ihr nicht. In den 50er Jahren spielt sie in Heimatfilmen und Literaturadaptionen. Später ist sie als verschrobene Alte im Edgar-Wallace-

Lil Dagover: Sie war und blieb die Schöne des deutschen Films

Film „Die seltsame Gräfin" (1961) erfolgreich und in Fernseh-spielen zu sehen.

„Sie hatte Haltung innerlich und äußerlich", schreibt Curt Riess in seinem Buch „Das gab's nur einmal". „Sie war in den problematischsten Rollen liebenswert, ja anbetungswürdig.

Und die Zeit konnte ihr nichts anhaben. Es war für ihre Karriere ohne jede Bedeutung, dass jedes Jahr neue hübsche oder sogar schöne und sehr junge Damen auftauchten. Sie war und blieb einmalig – und dadurch, soweit man das im Film überhaupt sagen kann, ewig."

Nach einigen Fernsehauftritten erhält sie anfangs der 70er Jahre noch einmal durch Maximilian Schell dankbare Filmrollen. Er dreht mit ihr „Der Fußgänger" (1973). Hans-Jürgen Syberberg besetzt sie als Bertha von Suttner in „Karl May" (1974) mit Helmut Käutner in der Titelrolle. Maximilian Schell führt Regie in der Dürrenmatt-Verfilmung „Der Richter und sein Henker" (1976) und bei der Ödön-von-Horvath-Verfilmung „Geschichten aus dem Wiener Wald" (1979).

Sie lebt in München-Geiselgasteig am Waldrand des berühmten Bavaria-Filmgeländes in Grünwald. Dort haben sich die Dagover und ihr zweiter Mann, der 1973 verstorbene Filmproduzent Georg Witt, nach dem Krieg einen Bungalow errichten lassen. Obwohl sie sich in ihren Memoiren über die Last beklagt, alternd die Schöne des deutschen Films zu bleiben, steht sie fast bis zum Schluss vor der Kamera.

Ihre letzte Glanz- und zugleich Lieblingsrolle auf der Bühne ist die Aurelia in „Die Irre von Chaillot", der Jean Giraudoux einen gesunden Menschenverstand zubilligt: „Ich liebe die Aurelia wie meine Schwester. Sie denkt und fühlt wie ich, sie liebt die Natur, die Pflanzen und die Tiere."

Erst nach ihrem Tod am 23. Januar 1980 wird bekannt, dass ihr bis dahin angegebenes Geburtsjahr 1897 nicht stimmt. Sie hatte, was ihr Alter betraf, gemogelt, sich stets um zehn Jahre jünger gemacht und kam damit sogar in Großaufnahme durch. Die Jahre hatten sie freundlich behandelt, waren eher wie eine Dekoration und nicht wie eine Kalamität, eher wie eine Freundschaft zwischen ihr und dem Leben.

Eine legendäre Operndiva

....

Kaiser Franz Joseph, auf Sommerfrische in Bad Ischl, ist hinge-
rissen: Er sieht die großgewachsene Blondine aus Brünn in der
„Fledermaus". Als Maria Jeritza im zweiten Akt bei ihrem Auf-
tritt als „ungarische Gräfin" den Czardas singt, besteht Seine
Majestät auf zwei Wiederholungen der Arie „Klänge der Hei-
mat, erweckt mir das Sehnen" und lässt die „entzückende Per-
son" sofort für „seine" Hofoper engagieren. In Wien wird „die
Jeritza" bald zur Primadonna assoluta. Puccini widmet der So-
pranistin die Titelpartie der Prinzessin „Turandot". Sie ist für
ihre umjubelten Vorstellungen auf der Bühne ebenso berühmt
wie für ihre zahlreichen Auftritte vor Gericht.

Neben dieser Diva sehen alle anderen wie Zwerge aus. „Nimm
die Marilyn Monroe, die Birgit Nilsson und die Paula Wessely
zusammen, dann hast du ein Viertel der Jeritza", schwärmte
der „Opernverführer" Marcel Prawy über Maria Jeritza (1887–
1982), die letzte Primadonna assoluta vor der Callas.

Sie ist armer Leute Kind, aber begabt: Mizzi Jedlička aus
Brünn. Im Haus neben einer Käsefabrik wohnt im Stockwerk
darunter der Kapellmeister Robert Stolz, der sie an ihren ersten
Gesangslehrer vermittelt. Am Brünner Deutschen Stadttheater,
wo das Mädel im Chor singt, kommt es 1904 zum ersten Eklat
in einem an Skandalen reichen Leben: Beim „Aida"-Gastspiel
der Else Bland erwarten alle nach dem Ensemble-Chor am Ende

Maria Jeritza: Strahlende Diva der Zwischenkriegszeit

des zweiten Aktes das strahlende langanhaltende Hohe C der Wiener Star-Sopranistin. Elsa Bland holt Atem und schnappt plötzlich nach Luft, weil just der von ihr erwartete Spitzenton aus der Mitte des Chores heraus wunderbar klar und rein erklingt, makellos schön und lange gehalten. Das Publikum jubelt. Mizzi Jedlička lacht spitzbübisch, der Star an der Rampe, dem man dreist die Show gestohlen hat, erstarrt. Der Vorhang fällt.

Die Welt gehört den Frechen. An diesem Abend ist die Solistin Mizzi Jeritza geboren. Über Olmütz gelingt ihr mit 23 Jahren der Sprung an die Wiener Volksoper, wo sie als Tosca Aufsehen erregt, und über das Salzkammergut der Transfer an die Hofoper durch des Kaisers sprichwörtliches „Es war sehr schön, es hat hat mich sehr gefreut" nach der „Fledermaus"-Premiere im Ischler Sommertheater.

1912 debütiert sie an der Wiener Hofoper als Aphrodite in der Uraufführung der gleichnamigen Oper von Max Oberleithner. Richard Strauss ist zu fast jedem künstlerischen Kompromiss bereit, nur um sie in seinen Opern auf die Bühne zu bringen. So vertraut er ihr die Titelrolle in „Ariadne auf Naxos" bei der Uraufführung in Stuttgart an. Im Oktober 1913 erlebt Puccinis Wild-West-Oper „Das Mädchen aus dem goldenen Westen" nach einem Schauspiel von David Belasco ihre Erstaufführung an der Wiener Staatsoper. Und in allen 54 Vorstellungen der Produktion bis 1933 singt die Jeritza die Minnie. 1918 ist sie die erste Salome in Wien, kreiert die Titelrolle in „Jenufa" von Janáček und singt ein Jahr später bei der Uraufführung der „Frau ohne Schatten" an der Wiener Staatsoper die Partie der Kaiserin.

Ein Fressen für die Klatschpresse sind rivalisierende Kolleginnen, eifersüchtige Tenöre, Liaisons in höchsten Adelskreisen, außerdem vier Ehemänner. Eine gewisse Marcellina Wiener habe am Landesgericht für Zivilsachen die Scheidung von ihrem Gatten Friedrich Wiener wegen „boshaften Verlassens" beantragt, verrät eine amtliche Notiz in der „Wiener Zeitung" vom 15. April 1914. Marcellina Wiener, das ist die mittlerweile berühmte Sängerin Maria Jeritza. Mit einem Mann hatte man sie nie gesehen. Die letzten gelegentlichen Besuche des Herrn aus Brünn, Mitbesitzer an einem Industrieunternehmen, in ihrer Wohnung in der Schlagergasse 9 in Wien-Alsergrund lagen schon Jahre zurück.

1921 singt sie erstmals an der Metropolitan Opera in New York in Korngolds „Tote Stadt", wird in Manhattan fünf Jahre später auch in der Erstaufführung der „Turandot" gefeiert und ist als „blonde Carmen" eine Sensation. Mitte der 1930er Jahre zieht sie sich langsam von der Bühne zurück, gibt nur mehr vereinzelt Konzerte. Bei einem Comeback nach dem Krieg feiert sie noch als Mittsechzigerin vor allem in Wien Triumphe in ihren alten Glanzrollen als Tosca, deren Arie „Vissi d'arte" sie gerne auf dem Boden der Bühne liegend singt, als Santuzza, Mädchen aus dem goldenen Westen, und Salome.

Sie ist von den 1920ern bis in die 1940er Jahre die Göttin der Opernbühne, die mit ihrer Exzentrik manchem Operndirektor das Leben zur Hölle macht. „Die große Jeritza-Affäre ist beigelegt" titelt das „Prager Tagblatt" am 2. Juni 1928. Die Kammersängerin, die in der Stallburggasse 2 über dem Tanzcafé Sans Souci (heute Café Bräunerhof) wohnt, hatte zuvor mitgeteilt, nie wieder in Wien zu singen. Und sagt nun doch zu, bei der Erstaufführung der „Ägyptischen Helena" zum 64. Geburtstag von Richard Strauss mitzuwirken. Doch plötzlich fehlt die launische Diva bei den Proben. Sie lässt sich erst vom Komponisten mit der Versicherung, die Rolle werde ihr „einen unerhörten Triumph eintragen", umstimmen.

Erneut zum Zerwürfnis kommt es, weil der kapriziösen Primadonna die höchste Auszeichnung der Ehrenlegion versagt wird, sie aber erwartet, in ihrer künstlerischen Sonderstellung gewürdigt, gleichsam „in die höhere Rangliste der Genies" eingereiht zu werden. Die Jeritza tobt, ihr zweiter Ehemann, Leopold Popper Freiherr von Podhragy reist eigens nach Paris zu Verhandlungen mit der Regierung ob der Kränkung, die seiner Frau widerfahren ist.

Die „Reichspost" meldet, die Jeritza wolle nun wegen unerfreulicher Nachklänge an der Wiener Staatsoper überhaupt nicht mehr auftreten. Strauss droht, seine Oper zurückzuziehen. Dann wird am 5. Juni die Einigung zwischen ihrem Anwalt und der Operndirektion, die sich an der Pariser Affäre als gänzlich unschuldig erweist, erzielt. Die Diva erklärt nun, ohnedies „nie eine bestimmte Ordensauszeichnung begehrt" zu haben und ist doch wieder für die Helena zu haben. Doch das geht nicht ohne Zwischenfall ab. Denn sie kaschiert mit einer vorgetäuschten kleinen Ohnmacht stimmliche Schwächen im zweiten Akt.

Die „Ägyptische Helena" macht sich jedenfalls für Richard Strauss bezahlt: Er erwirbt mit der Originalpartitur und 100 Abenden, an denen er ohne Gage dirigiert, den Grund des zuvor nur gepachteten Wiener Belvedere-Schlössls.

Die letzte Primadonna, um die sich die Komponisten von Puccini über Strauss bis Lehar gerissen haben, versucht ihren Willen auch bei der Spielplangestaltung durchzusetzen: Als Staatsoperndirektor Clemens Kraus eine Vorstellung mit Alfred Piccaver ansetzt, schäumt die Diva wieder einmal und verlangt, dass dem Tenor abgesagt und eine „Carmen" mit ihr angesetzt wird.

Auch jenseits des Atlantiks tänzelt die Jeritza zwischen Soap und Opera, lässt sich als Göttin feiern – und ist zuweilen unausstehlich. Böse Zungen behaupten, Frauen wie ihr ist der Witz vom Sopran und der Lampe zu verdanken: Um eine Glühbirne in die Deckenlampe zu drehen, stellt sich eine Diva auf den Tisch, nimmt die Birne in die Hand und wartet, bis die Welt um sie kreist.

„The Gigli-Jeritza War" in der New Yorker Metropolitan Opera ist ein Eklat, über den sogar die „New York Times" am 13. Februar 1925 ausführlich berichtet. Direktor Giulio Gatti-Casazza hat ein neues Traumpaar gesucht, wie es Caruso und Farra waren. Aber sein Plan scheitert. Einmal tritt die Jeritza Beniamino Gigli gegen das Schienbein, ein andermal wirft sie sich dem Tenor so temperamentvoll in die Arme, dass er in der Kulisse landet.

In „Fedora" stößt dann er sie so impulsiv von sich, dass sie mit einem verstauchten Knöchel liegenbleibt, worauf sie von ihrem Mann verlangt, ihre Ehre zu verteidigen und sich mit Gigli zu duellieren. Am nächsten Tag stilisiert sie den Vorfall in Interviews zum Mordanschlag: Gigli habe sie in den Orchestergraben schleudern wollen.

Kurz danach eskaliert der Streit erneut: Als Gigli nach einer umjubelten „Tosca"-Aufführung ein weiteres Mal vor den Vorhang tritt, ist das ein Mal zu viel für sie. Gekränkte Primadonnen haben zu allen Zeiten ihren Giftzahn gebraucht. Und eine Runde mehr Applaus für ihn als für sie ist ein Affront für die Sopranistin. Sie fordert prompt energisch einen weiteren Curtain-Call für sich und jammert mit gewaltiger Sprechstimme und hörbarem Akzent „Gigli not nice to me tonight".

Hinter der Bühne wird die Jeritza so hysterisch, dass der Direktor geholt werden muss, um sie zu beruhigen. Da sie sich plötzlich noch nicht an die Zeitumstellung gewöhnt haben will, dauert das die ganze Nacht, während der man den Direktor wiederholt hörbar „Rubbish, rubbish" murmeln hört. Die Leuchtkraft ihrer Stimme und ihr schauspielerisches Temperament sind ebenso legendär wie ihre Roben und gewagten Dekolletés, ihre Liebesszenen, aber auch ihre Wutausbrüche.

Ab 1930 häufen sich die Auftritte der Diva vor Gericht. Ihre nach zehn Jahren gekündigte Sekretärin, die nach Aussage des Barons Popper immer nur Kammerzofe gewesen sein soll, klagt nicht bezahlte Bezüge und eine Abfertigung ein. Es wird öffentlich Schmutzwäsche gewaschen, bis alles mit einem Vergleich und der Aufforderung des Richters endet: „Frau Kammersängerin, bitte ein Autogramm in den Akt."

Erfolgreich bekämpft sie das Erscheinen von „Bagage! Reigen um eine Sängerin". Den Schlüsselroman über sie hat Dietrich Arndt verfasst, Pseudonym des Autors, der in Wahrheit der Schwager der ehemaligen Sekretärin ist: Der Schriftsteller und Journalist Roderich Müller-Guttenbrunn (1892–1956) erklärt, die im Buch beschriebene Sängerin Grete Lavita und ihr Mann, Graf Ferdinand von Schlein, haben natürlich nichts mit dem Paar Jeritza-Popper zu tun. Beanstandet werden 63 Passagen, in denen das Liebesleben der Sängerin geschildert und der Graf diffamiert wird. Zeugen werden gehört, Rechtsanwälte liefern sich Schlachten. So gut wie jeder hat angeblich „mit Widerwillen" den Roman gelesen. Schließlich wird der Autor Müller-Guttenbrunn zu einen Monat Arrest und die anderen Beteiligten wie die Fifa-Verlagsbesitzerin Olga Bauer-Pilecka wegen Ehrenbeleidigung zu Geldstrafen verurteilt.

Die Jeritza verfolgt die Schlammschlacht derweil aus Amerika. Aus New York kündigt sie nach acht Monaten Telefongespräch ihre Rückkehr nach Wien im Mai 1931 an, wo man öffentlich witzelt, sie könne nicht mehr ordentlich Deutsch. Denn wenn man sie fragt, woher sie komme, sagt sie: „Aus Amjeritza".

Im Folgejahr wird in ihrer Wiener Wohnung eine Pfändung durchgeführt, allerdings ohne Erfolg, weil weder Geld noch Wertsachen vorhanden sind und die Möbel dem Ehemann gehören. Der Juwelier Moritz Kraus aus der Bäckerstraße 7 will 135.000 Schilling an Schulden bei der Sängerin eintreiben. Sie habe wertvollen Schmuck nach eigenen Entwürfen anfertigen lassen, außerdem Platin-Manschettenknöpfe und Herren-Brillantringe als Geschenke bestellt. Auf die Mitteilung von Jeritzas Sekretärin, die Künstlerin habe krankheitsbedingt einen großen Teil ihrer Amerika-Konzerte absagen müssen und verfüge über keine Barmittel, erwirkt der Juwelier eine einstweilige Verfügung. Schließlich wäre die Jeritza bereit, den Schmuck gegen eine Stornogebühr von zehn Prozent zurückzugeben, was der Juwelier jedoch ablehnt.

Sie ist immerhin eine der reichsten Frauen Wiens, aber der Schmuck immer noch nicht bezahlt. Obwohl die Beklagte so viel verdient, dass ein Dutzend Familien davon leben könnte, wie die „Arbeiter-Zeitung" meldet. Es hilft auch nichts, dass Baron Popper erklärt, seiner Frau „ausdrücklich die Anschaffung eines so teuren Schmuckes verboten zu haben". Der gegnerische Anwalt wendet ein, „Frau Jeritza stehe nicht unter Kuratel und könne kaufen, was sie wolle, um so mehr, da es bekannt sei, daß sie der erwerbende Teil sei und Baron Popper lediglich die Rolle eines Prinzgemahls spiele". Um die Peinlichkeit nicht auf die Spitze zu treiben, kommt es zu einer außergerichtlichen Einigung. Eine Gagenpfändung will die Jeritza dann doch vermeiden. Schließlich verlässt das Paar Europa auf der „Bremen" Richtung Amerika.

Dabei ist Leopold Friedrich Baron Popper von Podhragy (1886–1986), ein Sohn der Sängerin Blanche Marchesi, selbst vermögend. Sein Vater, ein Industrieller, lieferte das Material zum Bau des Suezkanals. Popper ist Eigentümer des Bankhauses Hermann Korti & Co., der Hammer & Co. Granitwerke in Roggendorf und der Haidhofgründe bei Baden. Außerdem gehört ihm und seinen zwei Brüdern fast der halbe Wiener Schafberg – inklusive Badeanstalt. Nachdem er zweimal von der Gestapo verhaftet und verhört worden ist, gelingt ihm am 15. Juli 1939 die Flucht über Paris nach London. Die umfangreiche Sammlung alter Waffen und große Teile der Kunstsammlung von Popper-Podhragy werden beschlagnahmt und sind bis heute verschollen.

Die Jeritza ist bereits 1935 mit Winfield R. („Winnie") Sheehan, dem amerikanischen Filmmagnaten und Vizepräsidenten der Fox Film Corporation, verheiratet, mit dem sie in Hollywood und später in New York lebt. Nach seinem Tod heiratet sie 1948 zum vierten Mal: den Geschäftsmann Irving Seery. Fast 95 Jahre alt ist Mrs. Mary Seery, verwitwete Sheehan, gewesene Freifrau Popper von Podhragy, geschiedene Wiener, geborene Mizzi Jedlička, als ihr Leben am 10. Juli 1982 in New Jersey zu Ende geht.

In ihrem Nachlass findet sich ein Lied mit dem Titel „Malven", das Richard Strauss am 23. November 1948 in Montreux komponiert hat und das die Widmung trägt: „Für die geliebte Maria – die letzte Rose".

Eine Primadonna –
launisch und extravagant

· · · · · · · · · · · · · · · · · ·

*Eine Opernsängerin kann schrecklich kapriziös sein. Dann heißt
sie Diva. Maria Olszewska war eine: temperamentvoll und impulsiv, zu ihrer Zeit ein Superstar und heute so gut wie vergessen.
Für die Wiener ist sie der schönste und eleganteste Oktavian im
„Rosenkavalier", ein aristokratischer Liebhaber, ausgestattet
mit jungenhaftem Charme. Und in Wien trifft sie auf die mindestens ebenso exzentrische Maria Jeritza. Ein Sängerinnenkrieg
beginnt ...*

Skandal rund um einen Primadonnen-Streit an der Wiener
Staatsoper am 12. Mai 1925: Am Spielplan steht Wagners
„Walküre". Maria Olszewska (1892–1969), die Darstellerin der
Fricka, singt zu Beginn des vierten Aktes ein Duett mit dem
Bariton Dr. Emil Schipper, den sie bald darauf in zweiter Ehe
heiraten wird. „Hinter der Szene standen Frau Jeritza und Frau
Kittel und unterhielten sich angeregt. Das störte Frau Olszewska, und als eine Mahnung zur Ruhe nichts fruchtete, da spie
sie munter in die Gruppe hinein, Frau Kittel auf den Hals treffend", beschreibt Carl von Ossietzky, der Leiter der Zeitschrift
„Weltbühne", den Vorfall unter dem Titel „Glückliches Österreich!". Frau Kittel reagierte mit „Sie Wildschwein!", Frau Olszewska rief berichtigend, sie hätte den „Dreck, die Jeritza" gemeint. Frau Jeritza fällt in Ohnmacht, Frau Kittel wird
trockengelegt, Frau Olszewska entlassen.

Maria Olszewska: Schlagzeilen mit einer Spuck-Affäre in der Oper

Das Spucken auf der Opernbühne gehört sich nicht. Aber die „Arbeiter-Zeitung" fragt: „Wäre die Olszewska auch dann bestraft worden, wenn die Beleidigung nicht gerade Frau Jeritza gegolten hätte?". Direktor Franz Schalk, im Ausbalancieren von Sänger-Allüren kein Anfänger, sieht Handlungsbedarf bei einer dieser von Explosions-Schall und -Rauch begleiteten Melodramen, in denen die Primadonnen der Oper zumeist als Heroinen agieren. Er trennt sich „wegen Verletzung der Würde des Hauses und des Anstandes gegenüber den Opernmitgliedern und dem Publikum" kurzfristig von Maria Olszewska, der ersten Altistin der Wiener Staatsoper, um mit ihr bereits im Folgejahr einen neuen langfristigen Vertrag abzuschließen.

Denn die Sängerin ist ein gefragter Star. Der kommt nicht in Polen, wie oft behauptet wird, sondern als Marie Berchtenbreiter 1892 bei Augsburg zur Welt. Ab 1921 gastiert sie in Wien und Berlin und ist ab 1923 Mitglied der Bayerischen Staatsoper. Im selben Jahr singt sie erstmals im Teatro Colón in Buenos Aires und debütiert 1924 als Brangäne in „Tristan und Isolde" im Covent Garden.

Das neue Engagement nach dem Hinauswurf soll die Olszewska sieben Jahre lang an die Wiener Staatsoper binden – bis 1933. Aber schon drei Jahre vorher treffen sich die Vertragspartner vor Gericht, einigen sich darauf, die Vereinbarung einvernehmlich zu lösen, damit die Diva zu einem Operngastspiel nach Chicago abreisen kann. Nach ihrer Rückkehr soll mit der Wiener Oper neu verhandelt werden …

Die Spuck-Affäre „kann auch wo anders vorkommen. Wird überall Sensation machen. Aber nur in Wien versteht man ein solches Gericht wirklich lecker zu bereiten", fand Carl von Ossietzky. „Die Öffentlichkeit teilt sich sofort in eine Olszewska- und eine Jeritza-Partei. Fiebernd vor Erregung verfolgt der Mann auf der Straße jede Phase des formidablen Duells. Natürlich hat jede Partei ihre Presse. Und diese Presse versteht es einzuheizen. Tag für Tag spaltenlange Berichte über alle Einzelheiten des dramatischen Vorganges. Ist der erste Eifer abgekühlt, wird die Spucke gestreckt, rationiert, eingeweckt für die nachrichtenarmen Hundstage. Wir schreiben jetzt Mai. Wer weiß, ob sie nicht im August wieder eisgekühlt auf der Szene erscheint."

Über Alfred Piccaver (1883–1958) sagte sein Kollege Helge Rosvaenge: „Wenn er singt, dann ergießt sich förmlich ein Goldregen über das Publikum." Aber seine weiche, schön timbrierte und ausdrucksstarke Stimme war auch besonders sensibel. Piccaver sagte öfter ab, sodass die Scherzfrage kursierte: „Haben Herr Kammersänger schon die Indispositionen für die nächste Saison getroffen?"

Jedenfalls wird auch der Belcanto-Tenor aus England, den die Wiener „Pikki" nennen, ein Opfer der Jeritza. In „Cavalleria rusticana" kreiert sie den spektakulären Santuzza-Sturz über die Kirchentreppe. Piccaver, wenig begeistert, versucht die Einlage zu verhindern, und wendet sich nach dem Duett abrupt von seiner Partnerin ab. Sie durchschaut das Manöver, scheint ihn leidenschaftlich umarmen zu wollen. Piccaver hebt abwehrend die Hände, und sie lässt sich fallen. Der Tenor ist überlistet, aber weiß sich zu wehren. Als am 21. Mai 1925 nach einer Aufführung der Mascagni-Oper seine Anhänger „Hoch Piccaver!" rufen, zieht sich die Jeritza demonstrativ von der Bühne zurück und sagt beleidigt zu ihm: „Geh'n Sie doch wieder vor, der Beifall gilt ja Ihnen." Worauf er erwidert: „Ich bin nicht die Olszewska, mit mir werden Sie sich nicht streiten."

Es folgt ein Weinkrampf der Jeritza, die sich bei Direktor Schalk beschwert. Ihr Partner habe sie in ihrem Gesang und Spiel absichtlich irritiert. Der Operndirektor lässt daraufhin Piccaver rufen, der ihm nur mitteilt, er habe keine Lust „zu seiner Entlassung Anlaß zu geben". Das Resümee der Presse: „Frau Jeritza wird sicherlich Genugtuung verlangen. Ob sie Herr Direktor Schalk diesmal ebenso rasch bieten wird wie im Falle Olszewska? Noch einige solcher Affären, und Schalk wird mit Frau Jeritza allein das Opernensemble bedeuten."

Außer in Wien tritt die Olszewska in London unter Bruno Walter mit Lotte Lehmann auf und gastiert mit großem Erfolg in Chicago als Carmen, Brangäne und – in ihrer Paraderolle – als Oktavian, ehe erneut Streitigkeiten beginnen. Im Februar 1929 klagt der Rechnungshof in Wien die Sängerin, die laut Vertrag der Staatsoper fünf Monate im Jahr zur Verfügung stehen soll. Als sie im April ausgerechnet für die Hauptspielzeit Urlaub beantragt und ihn auch für das ganze Jahr nicht erhält, erkrankt sie und tritt vom Kontrakt zurück. Nun besteht die Oper ihrerseits auf Vertragserfüllung. Dass die angeblich gesundheitlich schwächelnde Olszewska beim Concours d'Elegance, der Autoparade im Schönbrunner Schloßhof, teilnimmt und mit ihrem Steyr-Phaeton ein vom Österreichischen Automobil-Club verliehenes „goldenes Band" erringt, entspannt die Situation keineswegs. Die Sängerin verliert den Prozess. Der Dienstvertrag besteht zu Recht.

Obwohl ihr Anwalt kreativ argumentiert: Maria Olszewska sei psychisch nicht in der Lage, nach den von der Direktion erlittenen Kränkungen und Zurücksetzungen an der Bühne der Staatsoper aufzutreten. Ein Sachverständiger bestätige, dass sie – eine hypernervöse Frau – bei erzwungenem Auftreten hysterische Anfälle bekommen könnte. Aber sie werde dann wieder dienstfähig sein, sollte sie eine höhere Gage oder einen Starvertrag erhalten. Das Ende ist, wie so oft im Wien des „Mir-wern-kan-Richter-brauchen", ein Vergleich. Der bestehende Vertrag wird einvernehmlich gelöst. Die jetzt nicht mehr hypernervöse Sängerin reist am 30. Oktober 1930 ab, um Verpflichtungen in Amerika zu erfüllen. Nach ihrer Rückkehr soll mit der Wiener Oper neu verhandelt werden …

Ende 1930 lässt sich das Kammersänger-Ehepaar Dr. Schipper-Olszewska aus steuerlichen Gründen scheiden. Es wendet sich beim Verwaltungsgerichtshof gegen die gemeinsame Abgabenbemessung, da doch zwei getrennten Wohnungen an derselben Adresse, Wien 5, Linke Wienzeile 4, bewohnt werden und die Altistin den größten Teil des Jahres im Ausland sei. Bei einem gemeinsamen Jahreseinkommen von 160.000 Schilling seien 37.000 Schilling eine zu hohe Steuerlast. Im Vergleich zu heute ist das ein vergleichsweise milder Abgabensatz von 23,125 Prozent. Doch die Beschwerde wird abgewiesen.

Zu dieser Zeit gastiert die Sängerin nur mehr selten in Wien und singt in allen großen Opernhäusern in Europa und Amerika, außer in New York. Erst am 16. Jänner 1933 gibt die Olszewska ihr Debüt an der Met, und der Kritiker W. J. Henderson schreibt: „A Brangäne of the first rank." Aber sie ist in New York nicht nur in ihren angestammten Wagner-Rollen erfolgreich, ebenso als Amneris, Klytämnestra und Oktavian. 1935 kehrt sie – ein Opfer der Sparmaßnahmen an der Met – nach Europa zurück und spielt in Filmen mit, unter anderem in „Leinen aus Irland" (1939) mit Irene Meyendorff und Otto Tressler. Nach dem Krieg dreht sie mit Attila Hörbiger und der blutjungen Maria Schell „Maresi" (1948) nach einer Vorlage von Alexander Lernet-Holenia.

Mit 44 Jahren erklärt sie ihren Abschied von der Bühne und zieht sich nach Großgmain bei Salzburg zurück, wo sie auch die Kriegsjahre verbringt. Ab 1947 unterrichtet sie Gesang an der Akademie für Musik in Wien und tritt bis 1955 an der Volksoper in Operetten von Johann Strauß auf, alleine 145 Mal in „Eine Nacht in Venedig". Die letzten Jahre lebt sie in Baden bei Wien und stirbt am 17. Mai 1969 in Klagenfurt. Sie wird im Park von Schloss Rottenstein in St. Georgen am Längsee begraben.

Sie war ganz und gar eine Primadonna in dem Wortsinn, der ein extravagantes Wesen voll unberechenbarer Laune und selbstherrlicher Arroganz bezeichnet. Aber sie hatte trotzdem Humor. So erinnert sich Leo Slezak, dass er aus der Kulisse seine Kollegin gerne gefragt hat: „Maria, wie isst du die Eier?", bevor sie in der Rolle der Erda in „Rheingold" antworten musste: „Weiche, Wotan, weiche!"

Kind,
Heilige und Hexe

. . . .

Sie ist ein Mythos, eine Legende, die Königin des Theaters. Eine schüchterne Wienerin aus der Leopoldstadt wird als Idol der 20er und frühen 30er Jahre bejubelt, geliebt und vergöttert wie zuvor nur die Duse und die Bernhardt: Elisabeth Bergner inspiriert die Dichter, Maler und Bildhauer ihrer Zeit und beeinflusst das Lebensgefühl einer ganzen Epoche. Nicht Mann, nicht Frau, nicht Kind. Androgyn, zerbrechlich und naiv – so wird sie häufig beschrieben. Sie bricht reihenweise Männerherzen. Ob die zarte Diva in Stücken von Shakespeare, Schiller, Hauptmann, Shaw oder Strindberg auftritt, ihr besonderer Zauber gibt ihren Zeitgenossen ein Rätsel auf, das sie nie ganz lösen können.

Sie ist gerade erst 21, als ihr schon der deutsche Theaterkritiker Alfred Kerr prophezeit: „Man wird sie in Zukunft die Bergner nennen müssen." Auf der Schauspielschule nimmt noch kaum jemand Notiz von der in Galizien geborenen Wienerin aus der Josefinengasse in der Leopoldstadt. Aber schon bei ihrem Engagement am Zürcher Stadttheater ab 1916 feiert Elisabeth „Lisl" Bergner (1897–1986) an der Seite von Alexander Moissi erste Erfolge als Ophelia in „Hamlet". Im Jahr darauf ist sie die Rosalinde beim Gastspiel mit Shakespeares Komödie „Wie es euch gefällt" am Wiener Stadttheater (Laudongasse 36). „Es wetterleuchtet von Zukunft um diese Elisabeth", schreibt Alfred Polgar.

In Berlin spielt sie 1923 hintereinander mehrere große Shakespeare- und Strindberg-Rollen. Danach ist „ganz Berlin in sie verliebt", sagt Fritz Kortner, der mit ihr auf der Bühne steht und sie ein „Genie der Weiblichkeit" nennt. Beim Gastspiel des Berliner Lessingtheaters mit „Wie es euch gefällt" im Wiener Raimundtheater im Sommer wohnt die Bergner im Hotel Bristol.

Ein Jahr später ist sie schon so berühmt, dass G.B. Shaw von London aus beim Berliner Theaterkönig Max Reinhardt interveniert, der die Bergner nicht mag, weil sie einen von ihr bereits unterschriebenen Vertrag nicht eingehalten hat. Shaw will unbedingt, dass sie die „Heilige Johanna" spielt, und schreibt ihr ins Rollenbuch: „Silly goose! Wenn du diese Stelle streichst, kriegt dein Dienstmädchen die Rolle. And anyway. I will murder you. Ich werde dich umbringen." Die „Johanna" wird ihr größter Triumph.

„Oh, dieser Teufel", sagt die Bergner mit fast 80 Jahren über Shaw, den einzigen Literaturnobelpreisträger (1925), der auch einen Oscar für das beste Film-Drehbuch von „Pygmalion" (1939) erhielt. „So ein Genie – und so eitel."

„Ich hatte Angst vor ihr", erinnert sich Marlene Dietrich in ihrer Autobiografie „Nehmt nur mein Leben". „Wenn man einem ganz besonderen Menschen gegenübersteht, dann kriegt man es mit der Angst zu tun. Mir ist das viele Male passiert. Und wenn dieser Mensch eine ganz große Schauspielerin ist, dann wird die Angst noch größer. Und die Bergner war Ende der Zwanziger Jahre in Berlin die große Sensation." Das kurze Haar und die „Bergner-Locke" auf der Stirn wird die Mode der Zeit. Sie spricht auf ihre eigene Art, auf den Silben überraschend akzentuiert, und spielt mit dem Publikum „wie ein Zauberkünstler". Und sie bezaubert es als Nerven- und Seelenschauspielerin. Naiv und kokett mit verführerisch singender Stimme ist sie halb Elfe, halb Engel, kaum Frau.

Elisabeth Bergner im Film „Fräulein Julie" (1924)

Die Rosalinde, dieses reizend verliebte Mädchen in „Wie es Euch gefällt", verkleidet sich bekanntlich als Mann und umgarnt als Ganymed ihren angebeteten Orlando, der nichts von ihrer Liebe weiß, um schließlich wieder zu der Frau zu werden, die sie am Anfang war. Dieses Spiel zwischen den Geschlechterrollen liegt der kleinen, schlanken, knabenhaften Bergner. Und die 20er Jahre sind das ideale Zeitalter für diesen Frauentypus der Garçonne, wie man ihn damals nach dem Titel eines französischen Romans nennt ...

Die Bergner trägt auch in der Öffentlichkeit abwechselnd männliche und weibliche Accessoires. Für Karl Lagerfeld ist sie „die erste moderne Frau. Sie trug Hosen, lange bevor Marlene Dietrich das wagte. Die Bergner, das war ein Stil. Und alle anderen haben ihn kopiert."

Sie spielt neben Shakespeares Hosenrollen Dumas' „Kameliendame", Nestroys „Jux" und Strindbergs „Fräulein Julie". Wie hat sie selbst die legendären Zwanziger empfunden? Nicht so, wie sie Christopher Isherwood in seinem Buch „Goodbye to Berlin" (1939) schildert, nach dem der Film „Cabaret" gedreht wurde, sagt die Bergner viele Jahre später. Auch nicht so wie in „Das Schlangenei" von Ingmar Bergman, so sehr sie auch Bergman verehre: „Nicht diese Abgründe an Perversität und Verworfenheit, die uns in welken Farben als Quintessenz jener Zeit suggeriert werden, und auch nicht die Vorahnung schwarzer und brauner Uniformen. Ich wusste nur, was meine nächste Rolle sein wird."

Sie hat zahllose Verehrer. Der Bildhauer Wilhelm Lehmbruck nimmt sich wegen seiner unglücklichen und unerwiderten Liebe zu ihr das Leben. Die Dichterin Else Lasker-Schüler widmet ihr verliebte Zeilen. Rainer Maria Rilke pflanzt kurz vor seinem Tod ein Kirschbäumchen – denn Kirschen sind das Lieblingsobst der Bergner – für sie in seinem Garten, nachdem er ihr eine Nacht lang Gedichte vorgelesen hatte. Der Journalist Axel Eggebrecht schickt der Angebeteten eine schwarze Katze. Kurt Tucholsky schwärmt von der „unendlich süßen" Bergner. Die sagt: „Ich habe immer ein großes Talent für Freundschaften gehabt, und gar kein Talent für Liebschaften." Als sie ihren ersten Freund, den Wiener Schriftsteller Albert Ehrenstein während einer stürmischen Liebschaft mehrmals verlässt, um wieder zu ihm zurückzukehren, sagt er: „Ich hoffe, dass Gott dir deine Grausamkeit verzeiht." Sie zuckt mit den Achseln und antwortet: „Warum sollte er nicht? Das ist schließlich sein Beruf." Noch 35 Jahre später, kurz vor seinem Tod, notiert Ehrenstein in sein Tagebuch: „Träumte von Lisl."

Der Mann ihres Lebens ist – natürlich – ein Wiener: Paul Czinner (1890–1972), Autor einiger erfolgreicher Einakter und eines ausgezeichneten Sketches, „Satans Maske". Er macht sie zum Kinostar, holt sie zum Stummfilm, dreht „Nju", „Dona Juana", „Liebe", „Der Geiger von Florenz" mit ihr. In ihrem ersten Tonfilm „Ariane" (1930) ist sie die russische Studentin, die ihrem Partner (Rudolf Forster), obwohl unschuldig, das gerissene Luderchen vorspielt, um den graumelierten Roue an sich zu ketten.

Czinner wird Bergners Vertrauter, ihr Impresario, der Regisseur ihrer wichtigsten Filme und 1933 auch ihr Ehemann. Unter seiner Regie dreht sie „Fräulein Else" (1928) nach Motiven der Novelle von Arthur Schnitzler, der bei der ersten Begegnung zu ihr sagt: „Ich küsse Ihnen, als Tischherr verkleidet, die Hand." Und bald „ein guter Freund" wird. „Ich liebte es, ihn in seinem Haus in der Sternwartestraße zu besuchen, wenn ich in Wien war, während eines Gastspiels. Wir saßen dann meistens im Garten", schreibt die Bergner in ihrer Autobiografie „Viel bewundert, viel bescholten. Unordentliche Erinnerungen". Die beiden treffen sich regelmäßig, schreiben einander Briefe und lassen sich ganze Wagenladungen an außergewöhnlichen Gewächsen zukommen. Sie schickt ihm japanische Sträucher und Palmen, er ihr Chrysanthemen und Azaleen.

Im Gespräch ist eine Bühnenfassung von „Fräulein Else". Sie sieht den Film später als Fehler: Den Monolog einer in die Verzweiflung getriebenen Großbürgertochter dürfe man nicht spielen, sondern nur lesen. Auch Schnitzler ist mit der Zelluloidversion überhaupt nicht einverstanden: „eine ganz andere Else als ich gedichtet hatte", meint er in einem Brief an Clara Katharina Pollaczek. Der Rezensent der „Berliner Börsen-Zeitung" ist hingegen begeistert von der Bergner, sie „entzückt wieder durch die Musikalität ihres Wesens, durch das wunderbar Natürliche und zugleich Verhaltene ihres Spiels".

Ende 1932 flieht die Bergner, als Jüdin von den Nazis bereits angefeindet, mit Czinner von Hitler-Deutschland nach England und beginnt ihre zweite Karriere in einem fremden Land, in einer fremden Sprache, engagiert sich außerdem in Emigrantenkreisen und unterstützt Widerstandaktionen gegen das NS-Regime. Sie ist bald akzeptiert, künstlerisch und gesellschaftlich und der Liebling von Queen Mary.

Mehrere Filme folgen, darunter „Katharina die Große" (1934). Für „Verlass mich niemals wieder" (1935) bekommt sie ihre einzige Oscar-Nominierung in der Kategorie „Beste Hauptdarstellerin". Bei der Shakespeare-Verfilmung „As You Like It" (1936) ist sie fasziniert von ihrem Filmpartner Laurence Olivier: „Das seltsame dunkle Feuer, das er damals schon ausstrahlte, auf der Bühne wie im Film, war etwas ganz Neues, er war überhaupt nicht lyrisch und dabei faszinierend poetisch."

In London, wo man ihr, der jüdischen Emigrantin, Heimat und Staatsbürgerschaft gibt, lebt sie zwischen Buckingham Palace und dem Künstlerviertel Chelsea: In der Wohnung am Eaton Square hat sie neben einem Foto der Garbo das berühmte Bild von Albert Einstein mit herausgestreckter Zunge aufgestellt. Der Physiker sagt, ganz Charmeur, in Berlin: „Ihre Fragen sind viel schöner als meine Antworten." Es ist der Beginn einer tiefen Freundschaft. Während des Krieges sieht sie ihn in Princeton wieder, wo der Physiker lebt und lehrt. Und dort werden alle Theaterstücke, die die Bergner zu der Zeit spielt, zuerst aufgeführt, für Einstein. „Bei ihm", sagt sie in einem „Welt-am-Sonntag"-Interview 1977, „bin ich endlich wirklich erwachsen geworden." Als sie sich bei ihm bedanken will, sagt er: „Ich habe zu danken. Sie zwingen mich zum Nachdenken."

Shaw zuliebe spielt sie in London noch einmal die „Heilige Johanna". Ein Ausflug nach Amerika endet unglücklich. Berg-

Elisabeth Bergner: Schauspielerin mit „zärtlich spielender Kätzchenstimme"

ners einziger Hollywood-Film „Paris Calling" (1941) wird kein Erfolg. Sie scheitert an Hollywood. Vielleicht ist es auch umgekehrt, und die Traumfabrik scheitert an ihr. Als sie 1950 endgültig wieder nach London zurückkehrt, wird sie sagen: „Ich bin hoffnungslos europäisch."

In New York spielt sie 1943 in „The Two Mrs. Carrols". Das Stück sei zwar ein „bodenlos dummer Schmarren", berichtet der Theaterkritiker Julius Bab, aber die Bergner hinreißend. „Ihre kindliche Gestalt hat sich in einem halben Menschenalter nicht geändert. Sie hat noch diesen schmollenden Ton eines liebenswerten und sehr verzogenen Kindes, diesen reizvoll suchenden Blick, dieses Zucken der runden Schultern und diese zärtlich spielende Kätzchenstimme."

Sie ist „Kind, Heilige und Hexe", wie es der erste Bergner-Biograf Arthur Eloesser beschrieben hat. „Aber dann geschieht es: Dann kommt Verwirrung über dieses reizende Kind, Todesangst, Wut und Verzweiflung, und diese kleine Person – nun gar nicht mehr Kätzchen, sondern allenfalls ein verwundeter Leopard – füllt fauchend, rasend, schreiend die große Bühne. Ein Ausdruck, dem niemand widerstehen kann, das ganze Haus ist durch und durch geschüttelt."

Ihre Filme hat sie sich selbst nie angesehen. „Aus einer inneren Ablehnung, sich selber zu begegnen, nehme ich an." Sie wirkt bis ins hohe Alter in Theater- und Filmproduktionen mit, etwa in der legendären ersten Aufführung von Shaws Stück „Geliebter Lügner" im Duett mit O.E. Hasse. Beim Film „Der Pfingstausflug" (1978) mit Martin Held war es ein Satz auf der ersten Drehbuchseite, der sie zusagen ließ. „So eine hässliche alte Hexe hätte ich nie geheiratet", habe da gestanden – „und dass das einer zu mir hat sagen müssen, das hat mich amüsiert und mir gefallen. Da wollte ich den Film machen – bevor ich den ganzen Text gelesen hatte."

„La Parisienne" aus Wien

. . . .

Dem Schein ist mehr zu trauen als der Wirklichkeit, findet die Tänzerin und Choreografin Maria Ley. Ihre Lebensgeschichte zwischen Wien, Paris und New York liest sich wie ein Märchen. Es ist der Lebenstraum einer Frau, die entschlossen ist, Kind zu bleiben, die das Erwachsenwerden mit List und Kunst konsequent vermeidet. Mit Kunst vor allem. Noch jenseits der vierzig und nach der Vertreibung aus Europa schreibt sie: „Ich stelle immer wieder fest, dass die reale Welt an mir vorüberzieht und dass dies nicht meine Welt ist. Ich kann nichts mir ihr anfangen."

„Als ich ein Junge war, hat meine Mutter für eine Frau gearbeitet, die mit ihrem Mann an der New School for Social Research in New York den Dramatic Workshop gegründet hatte: Maria Ley Piscator. Meine Mutter hat für sie Texte getippt und Korrektur gelesen. Ein Teil der Bezahlung war, dass ich dort an Samstagen Schauspielunterricht bekam, als ich zehn Jahre alt war." Dieser Junge von damals ist später ein Weltstar und zweifacher Oscar-Preisträger: Robert de Niro.

Möglich gemacht hat's eine Wienerin, deren Lebensmärchen kurz vor 1900 in einer Rokokovilla mit Jasminsträuchern beginnt, umsorgt vom Fräulein von Zednick, der adeligen Gouvernante und Schwester eines österreichischen Generals, in einer Welt des schönen Scheins. „Als ich sehr jung war, fühlte ich mich sehr alt. Vielleicht war ich niemals jung", wird

Maria Ley Piscator (1898–1999) später in ihren Erinnerungen „Der Tanz im Spiegel" schreiben.

Die Erfahrung ihrer Generation: Man „erbte die Häuser, aber hatte kein Zuhause. Niemand schien zu irgendetwas oder irgendjemandem zu gehören. Ich war Teil des Nichts, das die Folge der Zerstörung Europas war, und doch wusste ich, dass ich mich davon nicht unterkriegen lassen durfte." Der „Überlebenskampf und die Freude am Leben" hinterlassen bei ihr „ein Gefühl von Apokalypse", das sie nie verlieren wird. Und das sie die „Hexenkunst des Überlebens" lehrt.

Sie ist das verhätschelte Kind einer böhmischen „Konzertpianistin, die nie in ihrem Leben ein Konzert gegeben hat" und des Wiener Stadtbaumeisters Edmund von Czada (1861–1920), der unter anderem mit seinem Bruder, dem Architekten Franz Czada, Bauleiter der Volksbühne 1912, des heutigen Renaissance-Theaters (Theater der Jugend) in der Neubaugasse war.

„Träume, mein Kind. Nur in deinen Träumen wirst du stark genug sein, über diese Welt zu lachen. Träume sind dein Lächeln im Spiegel der Welt. Träume, mein Kind, denke und fühle und sei. Das ist alles", so der Rat der Mutter. Die Obsession der Tochter in Zeiten des Krieges, der Geldentwertung und der Verarmung ist der Tanz, etwas, dem sie nicht entkommen kann. Von Cäcilie Cerri, 1907 bis 1920 Primaballerina der Hofoper, in der Tradition der Fanny Elßler ausgebildet, geht sie von Wien aus dorthin, wo man als Schauspieler, Tänzer, Theater- oder Filmregisseur gewesen sein muss: nach Berlin.

Sie tanzt dort alle Tänze von Schubert bis zu Strauss' „Rosenkavalier", Lanner sowie die berühmte Polka und die Zigeunertänze von Fanny Elßler, der berühmten Tänzerin des Biedermeier. Kritiker loben die Wienerin „mit dem phantastischen Blumenantlitz und dem schmerzlich-lächelnden Zug um den Mund". Für Alfred Kerr ist sie „das letzte Wiener Bukett". Für Max Reinhardt macht sie die Choreografien zu „Der einge-

Maria Ley um 1926: Könige sind ihr Publikum

bildete Kranke" (1923) und „Ein Sommernachtstraum" (1927) und erkennt: „Es genügte nicht, eine schöne Schauspielerin oder ein gutaussehender Schauspieler zu sein. Reinhardt mochte keine glamourösen Frauen, sondern Frauen mit Stil, Klasse, die diese fremdartige Schönheit besaßen, die nur das Zusammenwirken von Körper und Geist hervorgebracht hat."

Zwischendurch verbringt sie erholsame Tage am Attersee, ihre Zuflucht im Herzen von Österreich, als Nachbarin von Richard Tauber und Bekannte von Peter Altenberg, der manchmal „in die wunderbarste Poesie über die ewigen Wahrheiten des Lebens verfiel".

Maria Leys erster Mann, der aus Tschechien stammende ehemalige k.u.k.-Offizier Robert Emanuel Bauer, verblutet finanziell beim Versuch, das ehemalige kaiserliche Lustschloss Laxenburg zu neuem Leben zu erwecken und dort ein Vergnügungsetablissement mit Rennbahn, Theater und Spielbank zu errichten. Nach dem Bankrott titelt die „Neue Freie Presse" 1924: „Der Skandal um Laxenburg". Bauer wird zwei Jahre später wegen Betruges und Veruntreuung zu zwei Jahren schweren Kerkers verurteilt und auf dem Weg nach Prag an der Grenze verhaftet. Zeitungen melden das Gerücht, er habe Selbstmord begangen.

Maria Ley folgt der Einladung ihrer Freundin, der Wiener Journalistin Bertha Szeps-Zuckerkandl, nach Paris. „Chic" ist dort das Wort des Tages. Das Wort der Stunde. Eine Frau ist nicht schön oder reizend, wenn sie nicht chic ist. Manche sind chic, weil sie wissen, wie man seinen Kopf trägt. „Chic" ist nicht die Attitüde der Reichen, es ist die Bezeichnung für den Stil eines jeden.

Aber nur die Wohlhabenden mit Chic tragen Designer-Stücke von Paul Poiret (1879–1944), der die Mode Anfang des 20. Jahrhunderts revolutioniert, die Frauen vom Zwang des Korsetts befreit und ihre Garderobe mit kräftigen leuchtenden Farben versehen hat. Oder von Elsa Schiaparelli (1890–1973), die das

Surreale und die Farbe Pink liebt und im Paris der 30er Jahre mit ihren ausgefallenen Entwürfen in der Modewelt Furore macht, indem sie einen Schuh als Hut oder ein Kotelett als Kopfbedeckung verwendet. Für Karl Lagerfeld gehört die Schiaparelli genauso „zur Geschichte der Mode wie die Chanel". Jean-Paul Gaultier hält sie für „genial mit einem ganz eigenen Chic".

„La Parisienne" nennt man die Ley. Sie tanzt zur Musik von Camille Saint-Saëns, Claude Debussy und Reynaldo Hahn und tritt einmal mit den sensationellen Dolly Sisters aus Amerika auf, die gerade im Casino eine Million Francs gesetzt haben. Im Publikum sitzen vier europäische Könige. Sie trifft sich oft mit Sir Basil Zaharoff, einem der skrupellosesten Waffenhändler und rätselhaftesten Akteure hinter den weltpolitischen Kulissen der Jahrhundertwende. Er gilt als drittreichster Mann der Welt und macht ihr einen Heiratsantrag.

Sie aber verliebt sich in einen charmanten Deutschen in Paris und heiratet ihre Tanzromanze: Frank Gerhard Deutsch (1899–1934) ist der Sohn des Industriellen und Mitbegründers der AEG Felix Deutsch, der wiederum als erster Elektrizität in die Haushalte und Fabriken Deutschlands gebracht hatte.

Sir Basil kauft im Mai 1923 für eine Million Pfund das Casino von Monte Carlo und wird offiziell der „wahre König von Monte Carlo". Er ehelicht im Alter von mehr als siebzig Jahren 1924 die lang verehrte spanische Herzogin von Villafranca. Als sie allerdings schon 18 Monate später stirbt, kommentiert das Zaharoff lapidar: „Eine magere Dividende für einen Mann, der 40 Jahre lang so viel in eine Leidenschaft investiert hat." Noch als Achtzigjähriger, so sein Biograf Donald McCormick, jagt er Debütantinnen nach und plant sein „Liebesleben nach dem Terminkalender".

Die Nachrichten aus Deutschland sind niederschmetternd. Die Zeichen stehen auf Krieg. Maria Ley „hasst Politik" und glaubt „an die Macht der Kunst, der Schönheit, der Freude und der Liebe". Die Nazis beschlagnahmen sukzessive das Vermögen der Familie Deutsch. Frank flieht aus dem Leben aus Furcht vor Hitler. Die Witwe fragt mit leiser Stimme an seinem Sarg: „Was nun?". Der Komponist Kurt Weill schaut sie mit allwissenden Augen an. „Du musst mit dem Leben von vorn anfangen." Bertha Zuckerkandl holt sie nach Wien. Aber Wien ist für sie nur noch Erinnerung und keine Zufluchtsstätte.

Auf Max Reinhardts Schloss Leopoldskron in Salzburg findet 1936 eine schicksalhafte Begegnung statt: Sie lernt bei einem Abendessen den Berliner Avantgarde-Regisseur und Vertreter des politischen Theaters Erwin Piscator (1893–1966) kennen. Da interessierte sich in Deutschland das Proletariat schon längst nicht mehr für sein proletarisches Theater. „Die Tragödie fand nicht mehr auf der Bühne statt, das Leben war zur Tragödie geworden." Nach der Machtergreifung der Nationalsozialisten in Deutschland 1933 stand Piscator als Kommunist auf den Fahndungslisten der Gestapo.

In London im Savoy trifft ihn die Ley wieder. Er unterhält sich in der Lobby mit einem kleinen, dicken Mann, dem Komponisten Hanns Eisler, der wie Piscator politisch verfolgt wird. Hier sind also zwei Revolutionäre auf der Flucht, zwei Kommunisten im großbürgerlichen Savoy im friedlichen England. Ley: „Was für ein Witz."

Piscator sieht sich als „tatkräftiger Visionär für eine bessere Welt". Kunst ist für ihn „das letzte Ziel jeder Revolution. Sie bietet Freiheit und Glück für das Individuum". Das Theater-Genie und „das verwöhnte Kind" (wie er sie nennt) mit den Wiener Wurzeln und einem französischen Pass heiraten am 15. April 1937 im Exil in Paris. Eineinhalb Jahre später reist das Paar über London mit dem Schiff nach New York, gründet an der New School for Social Research in der 66

West 12th Street den Dramatic Workshop: „eine Schule, die ein Theater ist, ein Theater, das Schule ist."

Generationen von amerikanischen Schauspielern, Regisseuren, Bühnenbildnern gehen aus dem Institut hervor, an dem Carl Zuckmayer, Stella Adler, Lee Strasberg, Hanns Eisler, Erich Leinsdorf, George Szell und viele andere mitarbeiten. Zu den berühmtesten Absolventen der „Universität des Theaters" gehören unter anderen Harry Belafonte, Tony Curtis, Rod Steiger, Marlon Brando, Ben Gazarra, Shelley Winters, Tony Randall und Walter Matthau.

Noch in Paris wird der Schauspieler Leon Askin auf Vermittlung von Bertha Zuckerkandl bei Piscator Regieassistent, Sekretär, Zuhörer, Mitarbeiter, Laufbursche und ein begeisterter Anhänger der Theaterkonzeptionen des überzeugten Pazifisten, dessen Geisteshaltung auch in seinen Inszenierungen deutlich zum Ausdruck kommt. Einmal sagt Askin zu ihm: „Wenn Sie einen französischen Schlafzimmerschwank zu inszenieren hätten, würde dieser auch einen pazifistischen Unterton haben." Piscator reagiert lachend und meint: „Du kennst mich aber gut!"

Piscator, der sich in den USA nie heimisch fühlt, kehrt nach dem Krieg nach Europa zurück. Maria bleibt in New York, führt die Schule in seinem Sinn weiter, übernimmt eine Professur in Illinois und unterrichtet noch im hohen Alter an amerikanischen Universitäten. Sie bleibt mit ihm eng verbunden und besucht ihn in Berlin, als er die Freie Volksbühne leitet.

Nach Piscators Tod 1966 ist über ihn zu lesen: „Er war wahrscheinlich das wichtigste Theaterphänomen, das dieses Jahrhundert hervorgebracht hat, und wenn wir ihn heute betrauern, betrachten wir die Vergangenheit, die bereits Zukunft war." Seine Witwe findet eine neue Aufgabe: die Wahrung und Sicherung seines Erbes. Sie errichtet eine Erwin-Piscator-Stiftung im eigenen Haus bei der Fifth Avenue, nur einen

Steinwurf vom Central Park entfernt, mitten im Herzen von Manhattan und stiftet 1986 den „Erwin Piscator Award".

Unglückliche Umstände, kaltschnäuzige Behörden und eine missgünstige Sozialarbeiterin bringen die am Ende verarmte Frau im Alter von 95 Jahren als „unzurechnungsfähige Person" in eine psychiatrische Klinik. Nach einem halben Jahrhundert nahm ihr Amerika die Freiheit wieder weg, die es ihr als Emigrantin geschenkt hatte. Die Vormundschaftsrichter wussten nicht, wer sie war, waren hingegen vom denunziatorischen Hinweis beeindruckt, ihr letzter Ehemann, Piscator, sei ein „member of the Communist Party" gewesen.

Ihrem totgesagten ersten Mann, spurlos verschwunden nach dem Skandal rund um das Sommerschloss Laxenburg in den 20er Jahren, war Maria Ley nach dem Zweiten Weltkrieg bei einem Besuch in Paris unerwartet wiederbegegnet: Nach einem Telefonanruf bei ihr sitzt der mittlerweile über 80-jährige Robert Bauer im Rollstuhl im fünften Stock in einem kleinen, heruntergekommenen Hotel hinter den Galeries Lafayette vor ihr.

Er war in Prag festgenommen, über seine Flucht aus Wien verhört und ausgeliefert worden. Nach mehreren Jahren in Haft hatten ihn die Nazis nach Auschwitz geschickt, wo er, der Tschechisch und Polnisch sprach, die Namen der Menschen aufschreiben musste, die am nächsten Morgen sterben würden. Überlebt habe er als Buchhalter der Toten nur, erzählte er, weil er in einer Zeit, da das sehr wichtig war, Glück beim Kartenspiel hatte. Denn er war für den Lagerkommandanten, einen leidenschaftlichen Bridgespieler, am Spieltisch unentbehrlich: „Man behandelte mich gut. Die nächtlichen Spiele mussten interessant sein. Nacht für Nacht spielten wir. Ich gebrauchte meinen ganzen Spielwitz, um einen Lebenstag mehr zu gewinnen. Jedes Spiel war ein Spiel mit dem Teufel."

Adel, Dekadenz und Millionen

· · · · · · · · · · · · · · · · · ·

Es war ihr zeitlebens unmöglich, sich in einen armen Mann zu verlieben. Aber wo Geld ist, kann auch Liebe sein. Fräulein Wolff aus Philadelphia hat es weit gebracht. Die Talente der gebürtigen Amerikanerin, die berühmt ist für ihre Schönheit: reich zu heiraten, noch reicher zu heiraten und sich beim dritten Ehe-Anlauf mit dem Ja-Wort eines Rothschild schließlich Zutritt in die Gemächer einer Dynastie des Geldes zu verschaffen. Sie bringt Unbescheidenheit, Eleganz und Charme mit in drei Ehen. Die Männer revanchieren sich mit Vermögen, Adelstiteln und Schlössern.

Dass sie einmal in die Stratosphäre des Luxus und der Extravaganzen aufsteigen würde, war ihr nicht in die Wiege gelegt: Cathleen „Kitty" Franziska Wolff (1885–1946) ist die Tochter eines deutschstämmigen Arztes und seiner schottischen Frau. Ihr Großvater, Baron von Wolff, ein prominenter und reicher Anwalt in München, war mit seinem Sohn im Oktober 1860 nach Amerika ausgewandert. Nach dem Tod der Eltern 1901 übersiedelt Kitty aus Philadelphia nach München zu Tante Gretchen und stilisiert sich zur Baroness, obwohl ihre Familie das „von Wolff" in Amerika schon abgelegt hatte.

In New York begegnet sie im nächsten Winter dem Bergbauingenieur Dandridge Spotswood, den sie im Juni 1904 in der evangelisch-presbyterianischen Kirche in Greenwich Village heiratet. Ein Jahr später wird Sohn William Lawrence geboren. Das Paar erscheint regelmäßig in den Tratsch-Kolumnen der Zeitungen. Kitty ist ein Blickfang in der New Yorker Gesellschaft. Auf einer Europareise beschenkt sie der englische König Edward VII. mit einem brillantbesetzten Frosch, als sein Rennpferd Minoru 1909 das Epsom Derby gewinnt.

Ihr von Wilhelm Funk (1866–1949) gemaltes Porträt wird im Frühjahr 1908 in New York und anschließend in Paris ausgestellt. Dort sieht auch der österreichische Diplomat Erwin Graf von Schönborn-Buchheim (1871–1937), Oberleutnant in der Reserve des Husarenregiments, das Bild der schönen Frau, das große Wirkung auf ihn hat. Er sucht das Original. Ungeachtet der Tatsache, dass Kitty verheiratet ist, reist der vom Botschafter beurlaubte Attaché nach New York. Sie lehnt seinen Heiratsantrag zunächst ab, worauf ihr der Graf nach Venedig, Ägypten, in die Schweiz und nach Paris folgt, wo sie in ein Haus in der Rue Victor Hugo zieht. Dann passiert, was eine Schönheit mit Lebenserfahrung aus New Orleans einmal auf die Frage antwortete: „Was tut in Amerika eine Frau, wenn sie einen Mann loswerden will, der ihr gar zu sehr den Hof macht?" Sie heiratet ihn. Die Ehe der Spotswood wird im September 1911 aufgelöst. Schon im nächsten Monat heiratet „die schönste Amerikanerin von Paris" katholisch in der Kirche St. Honoré d'Eylau in Paris Graf Erwin Schönborn, den Spross eines alten österreichischen Adelsgeschlechtes, das mit den Fürstenbergs und Hohenlohes in naher Verwandtschaft steht. Schönborn, der seine diplomatische Karriere an den Nagel hängt, gehört das Schloss Sonnberg in Niederösterreich. Er bringt sie nach Wien, und sie bringt Glanz in die Wiener Gesellschaft der Vorkriegszeit. Man sieht sie und bewundert sie auf allen internationalen Schauplätzen der Reichen und Schönen. Sie gilt in Monte Carlo, Biarritz, Deauville ebenso als eine der Schönsten wie in der Freudenau und im Sacher, wo noch heute ein leicht vergilbtes signiertes Por-

*Gräfin Kitty Schönborn mit Hund, 1913: Bringt Glanz in die Wiener
Gesellschaft*

trät-Foto in der Galerie illustrer Gäste aus längst vergangenen Tagen an der Wand hängt.

Mit wenig zufrieden, das sind andere. Doch ihre Bedürfnisse übersteigen bald Schönborns finanzielle Möglichkeiten. Nach zwei Jahren strebt sie die Scheidung an. Bis es dazu kommt, vergeht aber mehr als ein Jahrzehnt. Sie ist während des Weltkrieges mehrmals am Titelbild von „Sport & Salon", der „lllustrierten Zeitschrift für die vornehme Welt", abgebildet. Die Gräfin „habe das von ihr bewohnte kleine Haus an der Reisnerstraße mit antiken Möbeln und Bibelots sowie durch ihren persönlichen Charme zu einem reizenden Cosy Corner zu gestalten gewusst", schreibt „Das Wiener Salonblatt" 1922.

In Paris, Biarritz und Monte Carlo sieht man Kitty oft in Gesellschaft von Baron Eugènc Daniel Rothschild (1884–1976). Der vierte Sohn von Salomon Albert Anselm Rothschild und seiner Frau Bettina ist Kittys Ass im Spiel „Wie-an-gel-ich-mir-einen-Millionär". Das Paar hciratct am 28. April 1925 in Paris. Er ist der erste männliche Rothschild-Erbe mit einer nicht-jüdischen Ehefrau. Für sie wird eigens ein Golfplatz angelegt beim Rothschild-Schloss Enzesfeld. Es ist der erste Zufluchtsort des britischen Königs Edward VIII., als er am 10. Dezember 1936 abdankt und am nächsten Tag – 325 Tage nach seinem Regierungsantritt – als schlichter Herzog von Windsor sein Land verlässt.

Der Thronverzicht aus Liebe zu Wallis Simpson, geschiedene Warfield (1896–1986), ist das dramatischste Ereignis der modernen Königsgeschichte. Die bereits in zweiter Ehe verheiratete Amerikanerin ist nicht standesgemäß für den Monarchen, der gleichzeitig das Oberhaupt der anglikanischen Kirche ist. Die Hoffnung ihres Ehemannes Nummer zwei, Ernst Simpson, durch die Liaison seiner Frau zu einem Adelstitel zu kommen, erfüllt sich nicht. Aber er lässt sich für ein Handgeld von

150.000 Pfund (heute circa elf Millionen Euro) mit einer anderen in flagranti erwischen, um einen Scheidungsgrund zu liefern.

Der Ex-König ist für drei Monate Gast in Schloss Enzesfeld, bis die Dame seines Herzens wieder frei ist, und das Paar in Frankreich im vom französisch-stämmigen amerikanischen Geschäftsmann Charles Bedaux zur Verfügung gestellten Schloss Candé in der Touraine am 3. Juni 1937 heiraten und seine Flitterwochen in Kärnten auf Schloss Wasserleonburg verbringen kann. Sie darf sich zwar nicht Königliche Hoheit, aber immerhin Herzogin von Windsor nennen und sagt über Edward im engsten Freundeskreis, er sei „ein netter, lieber, großer Bub, der ihr blindlings vertraue."

Zu Gast in Enzesfeld beim Diner mit dem Ex-König ist auch der Industrielle, Playboy und Jet-Setter Baron Hubert von Pantz (1909–1991). Sein Schloss Mittersill ist in den 1930er Jahren ein Magnet für Adelige, Stars und reiche Unternehmer. Und der junge, weltgewandte Baron macht Schlagzeilen durch seine Affäre mit Coco Chanel. Die französische Designerin lässt sich bei Besuchen auf Schloss Mittersill zu einem zeitlosen Modeklassiker inspirieren: Die Chanel-Jacke geht zurück auf die Arbeitsuniform des Liftboys, den alpenländischen Trachtenjanker aus dem Salzburger Pinzgau mit den vier charakteristischen Taschen und der geflochtenen Borte.

Die Windsors leben nun das Leben des reichen Jetsets zwischen Paris, der Riviera und den USA und werden zum Skandalpärchen durch Edwards Sympathie für die Nazis: Bereits im Oktober 1937 besuchen die beiden Adolf Hitler. Auf dem Obersalzberg werden der Herzog, der schon immer als „Freund Deutschlands" galt, und seine Frau nicht nur freundlich, sondern wie offizielle Staatsgäste empfangen.

Weihnachten 1937 verbringen die Windsors wieder bei den Rothschilds in Enzesfeld. Am Tag vor dem Heiligen Abend ist der Herzog inkognito in Wien zum Shopping und zu Besuch im Dianabad, am ersten Weihnachtstag – erneut in Wien – betritt er beim Gottesdienst in der anglikanischen Kirche (Jauresgasse) nach altem Brauch die Kanzel, liest ein Kapitel aus dem Alten Testament und hält die Predigt. Vor dem Jahreswechsel besichtigt Edward Schloss Schönbrunn und die Wagenburg, außerdem das Kunsthistorische- und das Heeresmuseum und kehrt zum Lunch im Hotel Bristol ein.

Rothschilds Güter werden während des Krieges von den Nazis beschlagnahmt und enteignet. Für die Freilassung seines Bruders Louis aus der Gestapo-Haft in Wien wird viel Geld verlangt und gezahlt. Eugène und Kitty übersiedeln 1940 in die USA ins Still House in Locust Valley an der Nordküste von Long Island, 22 Meilen außerhalb von Manhattan, New York. Dort hängt am Treppenaufgang auch ein Bild der mondänen Frau. Gemalt hat es der in Wien tätige, sehr beliebte Bildnis-, Landschafts- und Genremaler John Quincy Adams (1874–1933), dessen Tochter Harriet Daisy Adams, verehelichte Gräfin Walderdorff (1905–1999) legendäre Chefin des Hotels Goldener Hirsch in Salzburg war. Kitty Baronin Rothschild ist auf dem großen Ölgemälde (heute im Inventar des Wiener Belvedere) aus dem Jahr 1916 mit einem Barsoi, einem russischen Windhund, zu sehen, damals ein Accessoire, das Wohlstand signalisierte. Als die Baroness 1946 an einer Gehirnblutung stirbt, erhält sie ein Grab im Park des Anwesens.

Die Gräfin Cecilia Sternberg, die ihr Emigrantenleben in dem Bestseller „Es stand ein Schloß in Böhmen" ausführlich beschrieben hat, kümmert sich um den trauernden Witwer. Den überredet eines Tages seine Haushälterin Gerty, eine Engländerin, die sie beim Einkaufen zufällig kennen gelernt hatte – „not quite a film star, a starlet let's say" – einzuladen.

Sternberg sagt über Jeanne Stuart (1908–2003), die geborene Ivy Sweet aus Hampstead, London: „Ich habe selten ein hübscheres Gesicht, ein hinreißenderes Dekolleté und eine Frau mit sinnlicheren Kurven gesehen, drapiert in hellrosa Chiffon, eher unpassend für Lunch auf dem Land." Sie ist eine in London und New York in den 1930er Jahren gefeierte Theater- und Film-Schauspielerin („Mischief", 1931; „The Great Defender", 1934; „Forget Me Not", 1934; „Old Mother Riley Joins Up", 1939) – und eine Frau mit einigen Vorlieben. Für drei Jahre lebt sie mit dem Hollywood-Star James Stewart zusammen, ist eine sehr vertraute Freundin von Henry Herbert, 6th Earl of Carnarvon, und in dessen Familie sogar noch beliebter als dessen zweite Frau Tilly Losch. Als sie während der Bombenangriffe auf London während des Krieges im Highclere Castle des Earl wohnt, kursieren Heiratsgerüchte, die aber prompt dementiert werden.

Ein anderer führt sie in Londons Prince's Row im April 1933 zum Standesamt: Bernard Docker (1897–1978), als Direktor der Anglo-Argentine Tramways, der Midland Bank, Thomas Cook & Sons sowie als Vorstandsvorsitzender von Daimler zum Multimillionär geworden. Die Honeymooner reisen nach Südamerika. Als Hochzeitsgeschenk bekommt Jeanne die 65-Meter-Luxusyacht „Shemara", die damals größte private Yacht in Großbritannien. Aber als Privatdetektive sie bei außerehelichen Vergnügungen mit dem Westend-Schauspieler David Hutcheson ertappen, ist die Ehe nach nur fünf Monaten am Ende und die Yacht perdu.

Sehr zur Überraschung seine Familie heiratet Rothschild Jeanne im Dezember 1952. Gegen alle Erwartungen wird es eine sehr glückliche Beziehung, und beide leben, wie es im Märchen mit Happy End heißt, glücklich bis an ihr Ende. Den Lebensabend verbringt das Paar in Monte Carlo, befreundet mit Grace Kelly und Fürst Rainier von Monaco. Nach dem Tod von Baron Eugene mit 92 Jahren im April 1976 lebt Jeanne weiter im großen Apartment mit Garten am Boulevard des

Moulins. Als sie mit 94 Jahren für immer einschläft, sieht sie aus wie höchstens 70. Ihre Schönheit hat sich vom Alter nicht beeinträchtigen lassen. Im November 2003 werden bei Sotheby's in Genf ihre Juwelen aus dem Nachlass für 2,56 Millionen Franken, den doppelten Schätzpreis, verkauft. Legendär ist auch der Schmuck, den der englische Ex-König seiner Wallis, Duchess of Windsor, im Lauf der Zeit geschenkt hatte. Die hinterlassenen Preziosen, vor allem aus dem Hause Cartier, werden im April 1987 in Genf für 75 Millionen Schweizer Franken versteigert. Der Erlös kommt dem Institut Pasteur zugute.

Die Luxusyacht „Shemara" ist übrigens in den Fifties Bühne und Spielwiese der nächsten Lady Docker, der berüchtigten Norah Collins (1906–1983). Für sie gilt: Zu viel ist nie genug, zu viel von allem ist wunderbar. Sie verlässt nach dem Selbstmord ihres Vaters früh ihre Working-Class-Familie in Birmingham und sucht ihr Glück in London: „Ich war ein Girl mit blond gefärbten Haaren unter tausenden Peroxid-Blondinen auf der Suche nach Ruhm." Die Hostess im Londoner Café de Paris, einem Nachtclub für zuwendungsbedürftige Herren, weiß, was sie will: Millionen. Sie hätte als zweifache Witwe und Erbin einiger Millionen Pfund bereits ausgesorgt gehabt. Aber da beginnt erst ihr Leben als Bad-taste-Party: Der geadelte Großindustrielle „Sir" Bernard Docker wird 1939 ihr dritter Ehemann – und sie übertrifft noch den Ruf, der ihr vorauseilt: Sie wird zum skandalumwitterten Enfant terrible der internationalen Spaßgesellschaft. Ihre persönliche Note: Sie trägt ständig Hermelin-Felle an ihrer Kleidung. Aber da Hermelin bei Tageslicht vergilbt, ist bald weißer Nerz ihr Spezifikum. Wie David und Victoria Beckham heutzutage sind die Dockers und ihre Eskapaden zu ihrer Zeit Futter für die Klatschpresse, zum Beispiel wenn König Faruk von Ägypten auf ihrer Yacht zu Gast ist. Ihr Party-Leben mit protzigen

Autos, Pelzmänteln im Dutzend und Champagner in rauen Mengen ist vulgär und geschmacklos, Lady „Naughty Norah" geltungs- und sensationsbedürftig bis zum Exzess. Ihr Luxus-Apartment, 2014 um 4,4 Millionen Pfund am Immobilienmarkt angeboten, nur ein Steinwurf entfernt vom Fünf-Stern-Hotel Claridge's im Londoner Nobelviertel Mayfair, ist 1949 Schauplatz eines spektakulären Juwelenraubs, der später zur Vorlage für den Film „The Pink Panther" (1963) mit David Niven, Peter Sellers, Robert Wagner und Claudia Cardinale wird. 1954 veranstalten die Dockers die Party des Jahrzehnts mit 200 Prominenten, Royals im Exil, Alt- und Neureichen. Sie kostet 4.000 Pfund, ein Vermögen. Der Schmuck, den Lady Docker an diesem Abend trägt, soll sogar ein Vielfaches davon wert gewesen sein.

Sie hat nicht nur eine Daimler-Limousine in Spezialanfertigung, sie hat derer fünf. Die Kühlerfigur ist ihrem nackten Körper nachgebildet: „The Gold Car" – Synonym für Glanz und Glamour – auf der Londoner Motor Show 1951 ist nach ihren Vorstellungen wie geschaffen für Blitzlichtgewitter und

Lady Norah Docker: Leben als Bad-taste-Party

rote Teppiche, ausgestattet mit Blattgold statt gewöhnlichem Chrom. 7.000 von Hand applizierte Sterne aus echtem Gold ziehen sich die Flanken entlang. Die Sitze sind mit Goldbrokat bezogen.

Die Einzelstücke für die Motor Shows der folgenden Jahre heißen „Blue Clover", „Silver Flash" und „Stardust" und schwelgen in Gold, Brokat und exotischem Leder. Mit „Golden Zebra" krönt sich Lady Norah 1955 endgültig zur Königin des schlechten Geschmacks: perlmuttweiß lackiert, wieder mit Gold statt Chrom und Sitzbezügen aus echtem Zebrafell. „Auf Zebra", verkündet sie, „sitzt man angenehmer als auf Nerz." Von der exotischen Polsterung rutscht sie im April 1956 auf den roten Teppich vor dem fürstlichen Palais von Monaco bei der Hochzeit von Grace Kelly mit dem Fürsten Rainier.

Kluge Menschen sind schon allein aus Egoismus bescheiden. Sie schützen sich damit vor ihrem perfidesten Gegner: vor sich selbst. Aber in dieser Hinsicht waren die Dockers absolut talentlos. Ihre exorbitanten Spesenrechnungen bringen sie am Ende um ihre wichtigste Einnahmequelle. Sir Bernard muss die Juwelen seiner Frau verkaufen und irgendwann sogar seine geliebte Yacht. Ihren Lebensabend verbringt das Paar steuerschonend auf der sonnigen Kanalinsel Jersey. Sie lästert: „Dort leben die langweiligsten und schrecklichsten Menschen, die jemals geboren wurden."

Zum finanziellen Absturz kommt die gesellschaftliche Ächtung. Als Naughty Norah im Spielcasino von Monte Carlo einen Kellner ohrfeigt, gibt's Lokalverbot. Als sie, weil ihr Sohn nicht zur Prinzentaufe im Fürstentum eingeladen ist, randaliert und ein monegassisches Papierfähnchen zerreißt, sind die Dockers in Monaco, später an der gesamten französischen Riviera unerwünscht. Und wie drückt Fürst Rainier sein Missfallen aus? Er schickt die Weihnachtsgeschenke der in Ungnade Gefallenen zurück.

Kurioses zum Ausklang: Wer ist die schönste Frau von Wien?

. . . .

Brennend aktuell ist immer und immer wieder das uralte Märchen vom „Spieglein, Spieglein an der Wand, wer ist die Schönste im ganzen Land?". Prominente Künstler beantworten die Frage am 23. April 1928 in der „Wiener Sonn- und Montags-Zeitung".

Einig ist man sich, dass ein hübsches Gesicht allein nicht glücklich macht. Zum neuen emanzipierten Rollenideal der modernen Frau der 20er Jahre, die Sport betreibt, tanzt und rhythmisch turnt, gehört auch die richtige Mode zur auf knabenhaft getrimmten Figur: der kniefreie Rock, das glatte Kleid. Und Konsens ist, dass diese Kleidung nicht zu üppigen Formen, sondern nur zur schlanken und knabenhaften Frau passt.

„Nicht nur für jede Epoche der Geschichte gibt es einen eigenen Typus der schönsten Frau, sondern auch für jede Altersklasse des Mannes. Dem Manne, dem in der Blütezeit seiner Jahre die schöne Frau entgegengetreten ist, bleibt dieses Ideal noch jahrzehntelang vor Augen, und er sucht immer aufs neue denselben Typ wie damals", sagt der Maler, Karikaturist, Sänger und Kabarettist Carl Leopold Hollitzer (1874–1942), „der ewig junge Altmeister der Wiener Künstlerschaft."

Für den 54-Jährigen gilt unverändert das Schönheitsideal der 1890er Jahre, als er auf der Höhe seines Lebens stand. „Mich reizt daher die moderne Frau nicht, mit ihrer leicht vorgeneigten Haltung, mit ihren dünnen Beinen. Ich sehe noch immer die Beauté von einst vor meinem geistigen Auge, mit der kreuzhohlen, aufrechten Haltung, mit vollen Formen. Aber eine Beauté gibt es ja heute gar nicht mehr!" Hollitzer kann nicht sagen, wer jetzt die schönste Frau von Wien ist: „Ich suche noch immer mein Ideal, das ich nie mehr finden werde …"

Da hatten die drallen Frauenzimmer als Aktmodelle und die Demimonde mit ihrem virtuosen Spiel der Wadenerotik schon ihren Reiz verloren. Der Wiener Grafiker, Illustrator und Maler des Fin de Siècle Franz von Bayros (1866–1924), auch bekannt als Marquis de Bayros, ahnt die Wandlung des weiblichen Schönheitsideals bereits voraus. Er bringt als Zeichner des Galanten, Frivolen, Erotischen als Erster junge Frauen in ihrer sinnlichen Schönheit mit zarten Beinen und schlanken Formen zu Papier und wird oft mit Aubrey Beardsley und Félicien Rops, den beiden anderen großen Erotomanen, verglichen. Bayros gehört zum Freundeskreis von Johann Strauß, dessen Stieftochter Alice er 1896 heiratet. Die Ehe wird allerdings bereits nach einem Jahr für ungültig erklärt.

„Die heutige Frau ist im Schwimmtrikot, im dünnen Straßenkleid fabelhaft. Aber im großen Abendkleid versagt sie. Warum? Es passt nicht mehr zu ihr. Die moderne Frau wirkt nicht durch Kostüme, sondern durch sich selbst", sagt Christian Ludwig Martin (1890–1967), der Maler – Grafikprofessor an der Wiener Frauenakademie und an der Akademie der bildenden Künste, vor allem bekannt durch Radierungen, Holzschnitte und Buchillustrationen und Zyklen wie „Großstadt", „Prater", „Vom großen Sterben" und „Nächte". Er habe in den letzten Jahren viele Hunderte von Mädchen als Modelle benutzt. „Aber ‚mollerte‘ Frauenkörper gibt es überhaupt nicht mehr. Alle sind schmal, schlank, knabenhaft."

Für Martin, acht Jahre lang auch Präsident der Wiener Secession, gibt es keine schönste Frau von Wien, wohl aber viele dem Trend entsprechende Typen, zum Beispiel die ehemalige Gräfin Henriette Thun-Hohenstein und nunmehr die Frau des Hutfabrikanten Carl Habig. Sie entspricht in seinen Augen am besten dem modernen Schönheitsideal.

Der Maler, Graphiker, Illustrator, Schriftsteller und Karikaturist Alfred Gerstenbrand (1881–1977), im Brotberuf Finanzbeamter, mag „schöne" Frauen nicht: „Sie interessieren mich nicht. Mich begeistert das moderne Wiener Sportmädel, wie man es zu Hunderten in allen Strandbädern trifft. Das ist meiner Meinung nach der unverfälschte Typ der Wienerin – die knabenhafte, sehnige Figur, das rassige, mutige Weib." Alle diese modernen, schlanken Frauen seien schön. Die schönste, die er je gesehen habe, so Gerstenbrand, habe er in Paris auf dem Sportplatz kennengelernt: die amerikanische Tennismeisterin Helen Wills.

Bei der Kunstschau 1908 fallen Gerstenbrands Karikaturen und ironische Porträts von Gustav Klimt und Sigmund Freud auf. Im Ersten Weltkrieg verwundet und zeitlebens auf einen Gehstock angewiesen, wird der „Gerstl" wegen seiner auffälligen Gangart von manchen als „Professor Zwickarsch" gehänselt. Er wohnt in seiner Wahlheimat Sankt Gilgen am Wolfgangsee im Fertigteilholzhaus, das seinerzeit der Maler John Quincy Adams (1874–1933) aus Schweden importieren ließ. Er porträtiert nach dem Zweiten Weltkrieg im Restaurant Zum goldenen Ochs in Wandmalereien im Speisesaal des ersten Stocks und im Mozartstüberl auch Bürger von Sankt Gilgen sowie berühmte Urlaubsgäste des Orts wie die Schauspieler Clark Gable, Marlene Dietrich und Susi Nicoletti.

Die Fotografin Trude Fleischmann (1895–1990) wundert, „dass oft ausgesprochen schöne Frauen vor dem Kameraobjektiv versagen. Jedes Bild von ihnen wird unnatürlich; sie haben auf dem Bilde falsche Züge, sie sind nicht sie selbst. Das kommt wohl daher, dass diese Personen im Augenblick sich wandeln, da sie sich beobachtet fühlen. Das kalte Lauern des photographischen Objektivs hemmt sie in ihrer Natürlichkeit, und sie geben sich als fremde Menschen." Fleischmann würde den Preis der schönsten Frau von Wien der Tänzerin Tilly Losch reichen: „Sie entspricht vollständig dem Schönheitsideal der Zeit!"

Für Adorjan von Wlassics (1893–1947), den Inhaber des Photo-Ateliers Manasse, ist die Gräfin Kinsky ein Schönheitsideal und die junge Filmdiva Hilde Bird, die Frau des Regisseurs Gustav Ucicky, die auch den von Fanamet-Film initiierten Weltschönheitspreis gewonnen hat, eine andere Schönheit von ganz eigenartigem Reiz.

Edith Barakovich, die kaum 20-jährig im August 1918, also noch während der letzten Kriegsmonate, in der Prinz-Eugen-Straße 30 ihr eigenes Fotoatelier eröffnete und in der Zwischenkriegszeit zu den bekanntesten Fotografinnen Wiens gehörte, sagt: „Man muss die moderne schöne Frau in drei Kategorien einteilen. Da ist der aristokratisch-zeitlose Typ, dann der moderne tänzerische Sporttyp und schließlich die moderne Bühnenschönheit. In die erste Kategorie ist wohl vor allem die Gattin des Barons Eugen Rothschild einzureihen, Frau Kitty Rothschild, geschiedene Gräfin Schönborn. Als Beispiel des derzeitigen Schönheitstyps, der Sport und Tanz vereinigt, möchte ich die Tänzerin La Jana nennen. Und die heutige Bühnenschönheit ist wohl in Lili Darvas restlos verkörpert."

Sie ist der Zauber an einer Zeitenwende, die Frau der Zwanziger: unabhängig, dynamisch und selbstbewusst. Der neue Frauentyp von damals, der bis heute fasziniert, basiert vor allem auf den gesellschaftlichen Veränderungen nach der Katastrophe des Ersten Weltkrieges. In der Stunde Null entwickeln viele junge Frauen ein starkes Selbstbewusstsein und erobern Domänen, die nichts mehr mit den überkommenen Vorstellungen von weiblicher Tugend zu tun haben. Sie gehen aus, fahren Auto, halten ihre Zeit im Bild mit der Foto-Kamera fest, experimentieren auf Tanz- und Theaterbühnen, rauchen und treiben Sport. Doch lange hält das schnelle und intensive Leben nicht an. Mit dem Börsenkrach und der daraus resultierenden Weltwirtschaftskrise endet die goldene Ära 1929. Der Zweite Weltkrieg bringt den Frauen – bis zur 68er-Bewegung – einen erneuten Rückfall in Sachen Emanzipation. Das Einzige, das aus der Zeit der Befreiung zunächst überlebt, sind die modischen Maßstäbe. So blieb den Frauen immerhin die Rückkehr zum Korsett erspart.

AUSGEWÄHLTE LITERATUR

Anita Berber und Sebastian Droste: Die Tänze des Lasters, des Grauens und der Ekstase. Wien: Gloriette-Verlag 1923.

Elisabeth Bergner: Viel bewundert, viel bescholten. Unordentliche Erinnerungen. München: Goldmann 1987.

Thomas Bleitner: Frauen der 1920er Jahre. Glamour, Stil, Avantgarde. Wien: Sandmann 2014.

Thomas Blubacher: Die vielen Leben der Ruth Landshoff-Yorck. Berlin: Insel 2015.

Barbara Coudenhove-Kalergi: Zuhause ist überall – Erinnerungen. Frankfurt/Main: Fischer 2015.

Marlene Dietrich: Nehmt nur mein Leben – Reflexionen. München: Goldmann 1979.

Lothar Fischer: Anita Berber – Göttin der Nacht. Berlin: Edition Ebersbach 1984.

Birgit Haustedt: Die wilden Jahre in Berlin. Eine Klatsch- und Kulturgeschichte der Frauen. Berlin: Edition Ebersbach 2013.

Edward James: Schwäne spiegeln Elefanten. Mein Leben als reiches Kind, meine vier Jahre mit Tilly Losch und das Ende meiner Jugend. München: Schirmer/Mosel 2012.

Inge Jens und Christiane Niklew (Hg): Ralph Benatzky. Triumph und Tristesse. Aus den Tagebüchern von 1919 bis 1946, Berlin: Parthas 2002.

Klaus Kaiser: Das kommt nicht wieder. Filmstars vergangener Jahre. Norderstedt. Berlin: BoD 2011.

Ute Knoll: Ida Roland, Dissertation Wien: o.V. 1970.

Ruth Landshoff-Yorck: Klatsch, Ruhm und kleine Feuer. Köln: Kiepenheuer & Witsch 1963.

Maria Ley Piscator: Der Tanz im Spiegel. Mein Leben mit Erwin Piscator, Reinbek: Wunderlich 1989.

Paul Marcus: Zwischen den Kriegen. Aus Berlins glanzvollsten Tagen und Nächten, Berlin: Transit 2013.

Karin Ploog: Als die Noten laufen lernten, Teil 2. Berlin: BoD 2015.

Ines Rieder und Diana Voigt: Eine verbotene Liebe in Wien. Reinbek: Rowohlt 2003.

Jörn E. Runge: Olga Desmond – Preußens nackte Venus. Friedland: Steffen 2009.

Hermann Schlösser: Die Wiener in Berlin. Ein Künstlermilieu der 20er Jahre. Wien: Edition Steinbauer 2011.

Brigitte Sokop: Jene Gräfin Larisch. Wien: Böhlau 2006.

Johannes Zeilinger: Lya de Putti. Ein vergessenes Leben. Wien: Karolinger 1991.

Anita Ziegerhofer-Prettenthaler: Botschafter Europas. Wien: Böhlau 2004.

www.burg-oberranna.at
www.philine-maurus.de
www.ralph-benatzky.com
www.pratercottage.at

Mit freundlicher Unterstützung:

Kulturabteilung der Stadt Wien, MA7 –
Wissenschafts- und Forschungsförderung

BILDNACHWEIS

Die Fotos stammen von Werner Rosenberger, dem Archiv des Autors und des
Metroverlags sowie der österreichischen Nationalbibliothek. S. 15 Joseph Löwy
Wien; S. 17 Zeichnung „Der Humorist"; S. 22 Hans Makart; S. 27 Atelier
D'Ora Kallmus, 1915/ÖNB; S. 31 k.k. Hof-Atelier Adele; S. 35 Gustav Gaul;
S. 39 Rosa Schaffer, K. K. Hof-Phot. Joseph Löwy, Wien, Original-Kabi-
nett-Photo um 1880; Rotary Photo; Ernst Schneider/Verlag Herm. Leiser,
Berlin-Wien; S. 65 Olga Desmond/Verlag Neue Photographische Gesellschaft
A. G. Stieglitz Berlin - Otto Skowranek, Kunstbibliothek, Staatliche Museen zu
Berlin; S. 81 Berlinale 2015, Deutsche Kinemathek, Berlin, Friedrich-Wil-
helm-Murnau-Stiftung; S. 89 Alfred Cheney Johnston; S. 94 Postkarte Maria
Orska/Willinger/Verlag Herm. Leiser, Berlin-Wien; S. 102 Künstler-Postkarte
H.C. Kosel Wien; S. 113 Atelier D'Ora Kallmus, 1915/ÖNB; S. 116 Jozsef
Pecsi/Das Leben, Mai 1926; S. 123 Franz Xaver Setzer; S. 128 Plakat/Walter
Schnackenberg; S. 130 Zander & Labisch/Ullstein-Bild, Berlin; S. 162 D'Ora
Kallmus/ÖNB; S. 178 Postkarte Gerda Maurus: Atelier Balazs, Berlin; S. 183
Phot. Binder in „Das Leben" von 6.1928/1929; S. 187 Lil Dagover in
„Dreiklang" (1932); Deutsches Filminstitut; S. 191 tumbir.com; S. 225 Kitty
Schönborn/Atelier D'Ora Kallmus, 1915/ÖNB

Coverfoto: Die Varietékünstlerin Gaby Deslys

Konnten in einzelnen Fällen die Rechteinhaber der reproduzierten Abbildungen
nicht ausfindig gemacht werden, bitten wir, dem Verlag bestehende Ansprüche
zu melden.

© 2016 Metroverlag
Verlagsbüro W. GmbH
www.metroverlag.at
Alle Rechte vorbehalten
Printed in the EU
ISBN 978-3-99300-268-8